授業をグーンと楽しくする英語教材シリーズ 43

フォーカス・オン・フォームを取り入れた
英文法指導ワーク
＆
パフォーマンス・テスト

中学2年

佐藤一嘉 編著

明治図書

まえがき

　2021年度から中学校で導入される新学習指導要領が2017年３月に公示された。目標として，「外国語によるコミュニケーションにおける見方・考え方を働かせ，外国語による聞くこと，読むこと，話すこと，書くことの言語活動を通して，簡単な情報や考えなどを理解したり表現したり伝え合ったりするコミュニケーションを図る資質・能力」の育成を目指すことが明記された。特に話すことについては，初めて「やり取り」と「発表」の２つの領域が具体的に明記され，聞くこと，読むこと，書くことと合わせて，４技能５領域を一体的に育成することが新たな目標となった。

　Savignon (1997) は，コミュニケーションの定義を "Communication is the expression, interpretation, and negotiation of meaning" (p.225) と述べている。つまり，「やり取り」とは，"negotiation of meaning" のことであり，相手との「意味の交渉」である。この点が個人の「発表」の領域と大きく異なる点である。

　さらに，文部科学省は，中学校の英語の授業については，基本的に英語で教えることを明記している。文法をコミュニケーションの道具と捉え，４技能５領域を一体的に育成し，指導を評価に結びつけるにはどうしたらよいのだろうか？

　本書は，この問いに応えるために企画された。「フォーカス・オン・フォーム」で文法をコミュニカティブに教え，「パフォーマンス・テスト」を評価に入れることで，４技能５領域を一体的に育成することができる。本書の執筆に関わった５名の中学校教師（石飛，大須賀，神崎，福元，森岡）は，名古屋外国語大学主催のワークショップで，アクション・リサーチに取り組み，「フォーカス・オン・フォーム」と「パフォーマンス・テスト」を取り入れた授業実践を継続してきた。その結果，生徒のモチベーションが上がり，学習効果が高まることがわかった。読者は，各教師が作成したワークシートおよび評価表から，「フォーカス・オン・フォーム」と「パフォーマンス・テスト」について学ぶことができる。なお，ワークシートおよび評価表は，ホームページからダウンロードできるので，自由に修正して活用していただきたい。

　また，明治図書から先に出版された『フォーカス・オン・フォームでできる！　新しい英文法指導アイデアワーク：中学１年，中学２年，中学３年，高校』および『ワーク＆評価表ですぐに使える！英語授業を変えるパフォーマンス・テスト：中学１年，中学２年，中学３年，高校』もあわせてご活用いただきたい。

　2021年度から新学習指導要領が実施となる。本書が新しい英語授業と評価のモデルになるものと確信している。教師が変われば，授業が変わり，生徒が変わる。

　2019年11月

名古屋外国語大学教授　佐藤一嘉

Table of Contents

まえがき
本書の特長と使い方

Part1
授業を変える！
フォーカス・オン・フォーム＆
パフォーマンス・テストの極意

文法指導と評価の一体化について ▶10

Part2
フォーカス・オン・フォーム＆
パフォーマンス・テストアイデア

Task 1　**How was your spring vacation?（Review）** ▶16
be 動詞，一般動詞の過去形①　春休みはどうだった？
Work Sheet　17　　　Memo　19　　　評価表 1・2　21

Task 2　**Let's talk about our vacation!（Review）** ▶22
be 動詞，一般動詞の過去形②　休暇の思い出
Work Sheet　23　　　評価表　25

Task 3　**What are you going to do?** ▶26
be going to 〜①　ゴールデンウィークの予定は？
Work Sheet　27

3

Task 4　**My Weekend Plan（Review）**　▶29
be going to ～② 　わたしの週末の予定
Work Sheet　30　　　評価表　32

Task 5　**Have a nice trip!**　▶33
Show ＋人＋物 　持ち物を紹介しよう！
Work Sheet　34　　　パスポートカード　36　　　カントリーカード　38

Task 6　**What do you call it in English?**　▶39
call Ａ Ｂ 　英語で何と言うの？
Work Sheet1・Ａ・Ｂ　40

Task 7　**I got up early.**　▶43
不定詞・副詞的用法① 　早起きした理由は？
Work Sheet　44　　　マッチング・ゲームカード　45

Task 8　**What did he / she do yesterday?**　▶46
不定詞・副詞的用法② 　昨日したこと
Work Sheet　47　　　絵カード　48　　　不定詞カード（前半・後半）　50　　　答えカード　51

Task 9　**Do you want to go to Tokyo?**　▶52
不定詞・副詞的用法③ 　クラス調査をしよう！
Work Sheet　53

Task10　**My Dream**　▶56
不定詞・名詞的用法 　将来の夢は？
Work Sheet　57　　　職業カード　59

Task11　**It's something to eat.**　▶60
不定詞・形容詞的用法① 　カルタゲーム
Work Sheet　61　　　カルタシート　62　　　絵カード　63

Task12 **Money to help other people** ▶ 64
不定詞・形容詞的用法② くわしく説明しよう！
Work Sheet 65 連想ゲームカード 67

Task13 **Let's talk about your future dream!（Review）** ▶ 68
不定詞の副詞・名詞・形容詞的用法① 将来の夢について話そう！
Work Sheet 69 評価表１・２ 72

Task14 **My Dream（Review）** ▶ 73
不定詞の副詞・名詞的用法 わたしの夢
Work Sheet 75 評価表１・２ 78

Task15 **What country do you want to go?（Review）** ▶ 80
不定詞の副詞・名詞・形容詞的用法② 憧れの国へ行こう！
Work Sheet 81 評価表 83

Task16 **I have to buy a present.** ▶ 84
have to ～ Party をしよう！
Work Sheet 85 タスクカード 87

Task17 **I was absent yesterday.** ▶ 88
接続詞 because どうして○○？
Work Sheet 89 読み札・絵カード 91

Task18 **My Room** ▶ 92
There is .... ① わたしの部屋
Work Sheet1・A・B 93

Task19 **My Ideal Room（Review）** ▶ 96
There is .... ② 理想の部屋
Work Sheet 97 評価表 99

Table of Contents 5

Task20 **Singing songs is his job.** ▶ 100
動名詞① 有名人クイズ
Work Sheet 101

Task21 **Let's talk about our favorite place!（Review）** ▶ 103
There is .... ③, 動名詞② 観光名所を紹介しよう！
Work Sheet 104 評価表1・2 106

Task22 **My Favorite Thing（Review）** ▶ 107
動名詞③ わたしの好きなこと・もの
Work Sheet 108 評価表 110

Task23 **My Favorite Town（Review）** ▶ 111
There is / are .... わたしが好きな町
Work Sheet 113 評価表1・2 116

Task24 **Which do you like better, summer or winter?** ▶ 118
比較・比較級① どちらの方が好き？
Work Sheet 119

Task25 **This apple is as big as that one.** ▶ 121
比較・比較級② このりんごはあのりんごと同じ大きさです
Work Sheet 122 絵カード 123

Task26 **Which picture do you like the best?（Review）** ▶ 124
比較・最上級① 一番お気に入りの写真は？
Work Sheet 126 評価表1・2 128

Task27 **My Favorite Things（Review）** ▶ 129
比較・最上級②, 不定詞, 接続詞 わたしが好きなもの・こと
Work Sheet 131 評価表1・2 134

本書の特長と使い方

　本書では，タスクを用いた新しい英文法指導ができる「フォーカス・オン・フォーム」と「パフォーマンス・テスト」について，理論編（Part 1）と実践編（Part 2）にわけ，授業ですぐに役立つ形でご紹介しています！

1. 本書の特長

　本書には，以下の6つの特長があります。

❶フォーカス・オン・フォームで個々の文法項目をコミュニカティブに教えることができる。

❷教科書で指導する前に英文法を効率的に教えることができるフォーカス・オン・フォームのワークシートを多数紹介。

❸まとめの活動やパフォーマンス・テスト（speaking and writing test）として使用できる Review のタスクを収録。

❹各学期（1，2回実施することが望ましい）使えるパフォーマンス・テストは，事前に示すとモチベーションが上がる評価基準表つき。

❺コミュニカティブな授業とパフォーマンス・テストの評価で，授業と評価の一体化ができる。

2. 本書の使い方

　Part 1 では，フォーカス・オン・フォームとパフォーマンス・テストの考え方（理論）を，Part 2 では，タスクを用いたフォーカス・オン・フォームの英文法のアイデアやワークシートの他，パフォーマンス・テストを紹介しています。

＊【Work Sheet ページ】のデータは以下の URL からダウンロードできます。
　URL　http://www3.nufs.ac.jp/~yoshi/index.html
　ユーザー名　formandperformance
　パスワード　sato2

❶ フォーカス・オン・フォームの英文法アイデア＆ワークシート

【Task ページ】タスクの進め方，ワンポイント・アドバイス

【Work Sheet ページ】ワークシート，カードなど

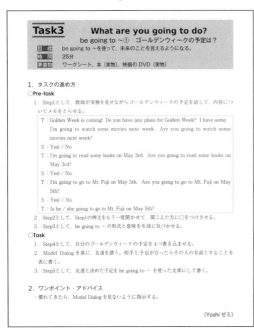

❷ パフォーマンス・テスト（Review）

【Task ページ】タスクの進め方，ワンポイント・アドバイス

【Work Sheet ページ】Speaking test，Fun Essay，評価表など

Part**1**

授業を変える！
フォーカス・オン・フォーム
＆パフォーマンス・テスト
の極意

文法指導と評価の一体化について

佐藤一嘉

1. はじめに

　2021年に中学校で導入される新学習指導要領のねらいはどこにあるのだろう。なぜ，「話すこと」が「やり取り」と「発表」の2つの領域にわけられたのだろう。まえがきで述べたように，コミュニケーションとは，「表現，解釈，意味の交渉」である（草野，佐藤，田中，2016）。Savignon (1997) は，さらに，コミュニケーション能力について，次のように説明している。

Communicative competence is a *dynamic* rather than a static concept. It depends on the negotiation of meaning between two or more people who share to some degree the same symbolic system. In this sense, then, communicative competence can be said to be an *interpersonal* rather than an *intrapersonal* trait. (p.14, italics original)

　つまり，コミュニケーション能力とは，静的な概念ではなく，動的なものであり，複数の人たちの間で行われる意味の交渉によって決まる。したがって，コミュニケーション能力は個人のものというよりは，対人関係に基づくという特徴を持つ（草野，佐藤，田中，2016）。この点が，個人の「発表」の領域と大きく異なる。しかしながら，これまで中学校，高校の英語の授業では，show and tell や public speech など個人の「発表」が重視され，生徒同士の「やり取り」は軽視されてきた。コミュニケーション能力は，「暗記」ではなく，生徒同士がコミュニケーション活動を通して実際に「やり取り」をすることによってのみ，育成されることを考えると（Sato & Takahashi, 2008; Savignon, 1972, 1997），「やり取り」がもっと重視されるべきである。それでは，授業で「やり取り」と「発表」をどのように指導したらいいのだろうか？

2.「やり取り」から「発表」へ

　ここでモデルとなるのが，Willis (1996) が提唱している Task-Based Language Teaching (TBLT) の framework である。TBLT（タスクに基づく外国語指導）とは，学習者のコミュニケーション能力の伸長を目的とする CLT (Communicative Language Teaching) を具体化した指導法の1つである。Brown (2007) は，次のように述べている。
"One of the most prominent perspectives within the CLT framework is Task-Based Language Teaching (TBLT) ... TBLT is at the very heart of CLT" (p. 50). Willis

(1996) は，TBLT の framework を以下のように3段階で示している。

(1) Pre-task:
トピックの導入，
語彙や表現の導入（インプット），
タスクの目的とやり方の明示
(2) Task cycle:
ペアやグループでタスク活動（アウトプット），活動の内容をまとめ，クラスにレポート（発表）
(3) Language focus:
語彙や表現の練習（ドリル），
教師のフィードバック

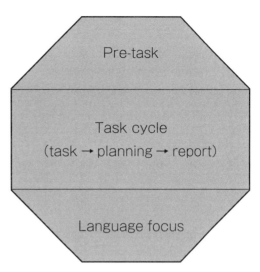

図1：TBLT framework（Willis, 1996）

つまり，タスク（コミュニケーション活動）の後で，個人の発表へつなげればよい。例えば，"My best memory about my trip" がトピックであれば，"What is your best memory about your trip?" "When did you go there?" "What did you do?" "How many times have you been there?" などをペアで質問させ，ペアを変えて，3，4回くり返す。その後，発表の準備として（planning），絵や写真を使ってエッセーを書かせ（Fun Essay），グループで1人ずつ発表させればよい。大切な点は，ペアを変えて，生徒同士のコミュニケーション（やり取り）の時間を十分確保することである。くり返すことで，だんだん慣れ，またペアを変えることで，英語が苦手な生徒も得意な生徒に助けられて会話が続くようになる。その後，発表の準備として書かせることで，正確さにも注意をさせることができる。この場合，もし十分な時間がなければ，発表をカットすることもできる。つまり，すべてのタスクについて，発表までやる必要はない。

3. インプット重視の文法指導—「フォーカス・オン・フォーム」

半世紀におよぶ第2言語習得研究の結果，伝統的な文法指導は効果がないことが明らかになっている。Ellis（2006）は，"a traditional approach to teaching grammar based on explicit explanations and drill-like practice is unlikely to result in the acquisition of the implicit knowledge needed for fluent and accurate communication"（p.102）と述べている。Lee & VanPattern（2003）によると，図2から明らかなように，文法説明とドリル中心の伝統的な文法指導は，十分な input がないため，学習者が新しい文法項目を自

身の第2言語のシステム（developing system）として構築することができない，と指摘している。したがって，いくら output-based instruction（ドリルやパターン・プラクティス）を与えても文法項目が定着しないわけである。

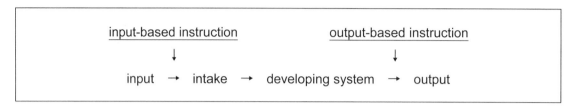

図2：第2言語習得のモデル（Lee & VanPatten, 2003を参照）

これに対して，Ellis（2006）および Lee & VanPatten（2003）は，文法項目に焦点を当てた input-based instruction を与えることにより，学習者が文法項目に気づき（noticing），言語形式と意味を結合させ（form-meaning connections），developing system（第2言語のシステム）を構築することができると主張している。その後で学習者は，output-based instruction を通して，コミュニケーションに必要な文法項目にアクセスすることにより，アクセスのスピードが速くなり，fluency（流暢さ）や accuracy（正確さ）を伸ばすことができる，と説明している。

要約すると，ドリルを中心とした伝統的な文法指導は意味のある input が欠如しているため，学習者が文法項目をシステムとして定着することができない。それに対して，「フォーカス・オン・フォーム」は，(1) input (2) noticing (3) output の言語習得理論の流れに基づいているため，学習者が効果的に学ぶことができる。

4.「フォーカス・オン・フォーム」から「パフォーマンス・テスト」へ

それでは，コミュニカティブな文法指導である「フォーカス・オン・フォーム」をどのように評価すればいいのであろう。答えは，コミュニケーション能力を測る「パフォーマンス・テスト」を実施することである。文部科学省も，2013年3月，「各中・高等学校の外国語教育における『CAN-DO リスト』の形での学習到達目標設定のための手引き」を発表し，コミュニケーション能力を測定するため，「多肢選択形式等の筆記テストのみならず，面接，エッセー，スピーチ等のパフォーマンス評価」を実施することを提唱している。

Ellis（2006）は，「フォーカス・オン・フォーム」を planned focus on form（特定の文法項目にフォーカスするタスク）と incidental focus on form（特定の文法項目にフォーカスせず，学習した文法の復習のため，トピックについて自己表現をさせ，その後，教師がcommon errors についてフィードバックするタスク）の2種類にわけている。そして，planned focus on form だけでなく incidental focus on form の両方のタスクを使用する

ことを勧めている。つまり，通常は，planned focus on form で特定の文法項目を指導し，1つか2つの unit が終わったら，復習を兼ねてトピックにフォーカスした incidental focus on form を使えばよい。これによって，生徒は学習した文法項目を自己表現のためにリサイクルすることができ，言語習得を促進することができる。さらに，Lee & VanPatten（2003）は，incidental focus on form のタスクをそのまま「パフォーマンス・テスト」（スピーキング・テストやライティング）として使用することを勧めている。生徒は，授業でやった incidental focus on form がスピーキング・テストにつながることを知れば，モチベーションが上がり，熱心に取り組む（washback effect：波及効果）。これが，文部科学省が提唱する「授業と評価の一体化」である。Sato, Fukumoto, Ishitobi, & Morioka（2012）は，3名の中学校教師が「フォーカス・オン・フォーム」に取り組んだ結果を報告している。その中で，森岡は，planned と incidental focus on form の両方のタスクを使用し，incidental focus on form を「パフォーマンス・テスト」として年5回（1学期2回，2学期2回，3学期1回）実施した結果，生徒のモチベーションが上がり，伝統的な文法指導よりも生徒の学習効果があったことを明らかにしている。

【参考文献】

Brown, H. D.（2007）. *Teaching by principles: An interactive approach to language pedagogy*（3rd ed.）. New York: Pearson Education, Inc.

Ellis, R.（2006）. Current issues in the teaching of grammar: An SLA perspective. *TESOL Quarterly, 40*, 83-107.

Lee, J. F., & VanPatten, B.（2003）. *Making communicative language teaching happen*（2nd ed.）. New York: McGraw-Hill Companies, Inc.

Sato, K., Fukumoto, Y., Ishitobi, N. , & Morioka, T.（2012）. Focus-on-form instruction and student learning in Japanese junior high schools. In A . Stewart & N. Sonda（Eds.）, *JALT2011 Conference Proceedings*（pp. 282-303）. Tokyo: JALT.

Sato, K., & Takahashi, K.（2008）. Curriculum revitalization in a Japanese high school through teacher collaboration. In D. Hayes & J. Sharkey（Eds.）, *Revitalizing a program for school-age learners through curricular innovation*（pp. 205-237）. Alexandria, VA: TESOL.

Savignon, S. J.（1972）. *Communicative competence: An experiment in foreign language teaching*. Philadelphia, PA: Center for Curriculum Development.

Savignon, S. J.（1997）. *Communicative competence: Theory and classroom practice*（2nd ed.）. New York: The McGraw-Hill Companies, Inc.

Willis, J.（1996）. *A framework for task-based learning*. Harlow: Longman.

　草野，佐藤，田中（2016）.「コミュニケーション能力：理論と実践」（増補新版）（Savignon, 1997, Communicative competence: Theory and classroom practice の翻訳）法政大学出版局

Part2

フォーカス・オン・フォーム &パフォーマンス・テスト アイデア

Task1 How was your spring vacation?(Review)

be 動詞，一般動詞の過去形①　春休みはどうだった？

目　標	タスクを通して，ペアで春休みのことについて英語で会話したり，Fun Essay を通して，英語で12文以上表現できるようになる。
時　間	50分×2
準備物	ワークシート，Fun Essay シート，ペア決めのくじ，評価表1・2，タイマー

1．タスクの進め方

○Pre-task

1．教師は生徒に2人1組の Speaking test を行うことおよび Fun Essay の連絡をする。Speaking test については，当日までだれと当たるかはわからないことを伝える。また，Speaking test と Fun Essay の評価基準を伝える。

2．Step1として，3つの絵について春休みにやったことを想像させる。

3．Step2として，英文を読ませ質問に答えさせる。

4．Step3として，自分のことについて質問に答えさせる。

○Task

1．Step4として，Model Dialog を導入する。

2．ペアを変えて，6回練習する。1回ごとに，ペアでの会話が終わったら，内容について表に記入させる。3回目からは，Model Dialog を見ないで会話をさせる。

2．ワンポイント・アドバイス

・何回か練習をした後，ワークシートを見ずに会話ができるように指示をする。

・Speaking test を待っている間は，自分の春休みについての Fun Essay を書かせる。

（Yoshi ゼミ）

Class____ No.____ Name_____

Work Sheet

How was your spring vacation?
春休みはどうだった？

Step1　Guess the story with your partner in Japanese.

Step2　Let's read!

I'm Kotaro. I'm talking about my spring vacation.

It was fun! I went to Higashiyama Zoo with my friends.

I saw some animals. Elephants were very big. Monkeys were cute.

We had lunch there. We ate *yakisoba*. It was good!

We took many pictures.

I enjoyed the spring vacation.

Answer 4 questions!

Q1. How was Kotaro's spring vacation?

_____.

Q2. Where did he go?

_____.

Q3. Who did he go with?

_____.

Q4. What did he see there?

_____.

Class_____ No._____ Name_____

Step3 Let's write your answers!

(1) How was your spring vacation?

_____.

(2) Where did you go?

_____.

(3) Who did you go with?

_____.

(4) What did you do there?

_____.

〈Model Dialog〉

A : Hello. How are you?

B : I'm (good / fine / not bad / not good).

A : How was your spring vacation?

B : Well, it was _____.

A : Oh, _____. Sounds (good / bad).

　　Where did you go?

B : I went to _____.

A : _____. That's great!

　　Who did you go with?

B : I went there with _____.

A : With _____!

　　What did you do?

B : Let me see .... I _____.

A : You _____. That's (good / great).

B : So, my spring vacation was _____.

　　　⋮

＊ Change your role.

A : Nice talking with you.

B : You, too.

Class____ No.____ Name_____

【Memo】友達の言ったことをメモしよう！（わからなかったら，もう一度英語で聞いてみよう。メモは英語，日本語どちらも OK!)

[1人目]	[2人目]
・How	・How
・Where	・Where
・Who	・Who
・What	・What
[3人目]	[4人目]
・How	・How
・Where	・Where
・Who	・Who
・What	・What
[5人目]	[6人目]
・How	・How
・Where	・Where
・Who	・Who
・What	・What

Part2　フォーカス・オン・フォーム&パフォーマンス・テストアイデア　19

Class_____ No._____ Name_____

Fun Essay:

Class＿＿ No.＿＿ Name＿＿＿＿＿＿＿＿＿＿＿＿＿＿

【評価表1：Speaking test】

Categories （項目）	Criteria （評価基準）	Points （得点）
流暢さ	1分30秒間，スムーズに会話でき，Communication Strategy もたくさん使えた。	7
	1分30秒間，途切れながらも，会話を続けられ，時折 Communication Strategies を使えた。	5
	1分30秒間，会話を続けられなかったが，少し Communication Strategies を使えた。	3
7点	1分30秒間，会話を続けられなかった。	1
表現	文法項目を正しく使えた。	3
	誤りがあったが，内容を理解することができた。	2
3点	正しく使えていなかった。	1
態度	声が十分に大きくはっきり聞き取れ，アイコンタクトを積極的に行っていた。	5
	声の大きさ，アイコンタクトのどちらかが不十分だった。	3
5点	声の大きさ，アイコンタクトのどちらもが不十分だった。	1

／15

【評価表2：Fun Essay】

Categories （項目）	Criteria （評価基準）	Points （得点）
関心・意欲・態度	春休みの内容についてよくわかるよう，工夫した Fun Essay を作ることができた。	7
	絵や写真，色ペンなどを用いて Fun Essay を作ることができた。	5
	あまりよい Fun Essay を作ることができなかった。	3
7点	Fun Essay を作っていない。	0
表現	文法がすべて正しく使えている。	3
	文法がおおよそ正しく使えている。	2
3点	文法がほとんど正しく使えていない。	1
関心・意欲・態度	12文以上書けている。	5
	10，11文書けている。	4
	8，9文書けている。	3
	6，7文書けている。	2
5点	5文以下しか書けていない。	1

／15

Part2　フォーカス・オン・フォーム＆パフォーマンス・テストアイデア　21

Task2 Let's talk about our vacation! (Review)

be 動詞，一般動詞の過去形② 休暇の思い出

目　標	休暇の思い出について話すことができるようになる。
時　間	50分×2
準備物	ワークシート，休暇の写真，Fun Essay シート，タイマー

1. タスクの進め方

○Pre-task

1．Step1として，教師が休暇の思い出について話し，内容に関する質問に答えさせる。ペアで答えを確認させてから，全体で確認する。

> Hello, everyone. I'm Takako Masuda. I'm going to talk about my vacation. I went to Tokyo with my friends during summer vacation. We got there by *Shinkansen*. I stayed there for three days. This is a picture of Nihon Kagaku Miraikan. It's a national museum of future science. You can get a lot of information about new technology. We enjoyed delicious food, too. For example, we ate *monjayaki*. We had a good time. Thank you.

2．Step2として，Mind map で，1年以内の春休み，夏休み，冬休みの思い出について日本語でまとめさせる。

3．Step3として，質問に答える形で，1年以内の休暇の思い出（Mind map で書いたものの中から選ぶ）について書かせる。

4．ペアで休暇の思い出について話す Speaking test を行うことを連絡する。評価基準を示し，どのようなことができればよいかを生徒に伝える。

○Task

1．Speaking test の Model Dialog を教師とボランティアの生徒でやってみせる。

2．Step4として，Speaking test の練習を兼ねて，Speaking test の会話を練習させる。ワークシートを見ずに話せるようにするため，1回目はワークシートを見て，2回目はワークシートをなるべく見ずに，3回目以降はワークシートを見ずに話すように指示を出す。会話が終わった後で，ワークシートにわかったことをメモさせる。

2. ワンポイント・アドバイス

・Speaking test を待っている間は，自分自身の休暇の思い出についての Fun Essay（p.20）を書かせるとよい。

（福元有希美）

Class___ No.___ Name_____

Work Sheet

Let's talk about our vacation!
休暇の思い出

Step1　先生が休暇の思い出について話します。わかったことを表にまとめよう！

① どこに，だれと，いつ行った？ （都市）	
② どうやって？（交通手段） どれくらい滞在した？	
③ そこで何をした？ （観光地，食べ物など）	

Step2　1年以内の春休み，夏休み，冬休みの思い出についてまとめよう！

　どこかに出かけた思い出（日帰りの旅行でも，祖父母や友達の家に行ったり，買い物に出かけたことでもよい）について，どこに，だれと，どうやって行って，そこで何をしたかをまとめよう。

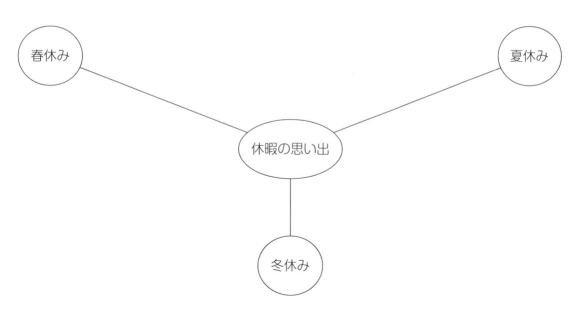

Class_____ No._____ Name_____

Step3　あなた自身について，質問に答えよう。

(1)　Where did you go?

I _____

(2)　When did you go?

　　（春 spring ／ 夏 summer ／ 冬 winter）

I _____

(3)　Who did you go with?

I _____

(4)　How did you get there?

　　（自転車 bike ／ 車 car ／ 電車 train ／ 飛行機 plane ／ バス bus ／ 徒歩 on foot）

I _____

(5)　How long did you stay there?

　　（時間 hour ／ 日 day ／ 週 week ／ 月 month ／ 年 year）

It _____

(6)　What can you do there?〔そこでできることを書こう〕

I _____

(7)　What did you do there?〔あなたが実際にしたことを書こう〕

I _____

Step4　Communication Strategies を使いながら，英語だけで会話しよう！

名前	わかったこと
さん	
さん	
さん	

〈Communication Strategies〉

間をつなぐ（えーと。あの〜。）Well …　Um …　Uh …　Hmm …　Let's see.

相手の言ったことを確かめる（シャドーイング）（例）When do you go? → When?

相手の言ったことにうなずく（ええ。うんうん。そのとおり。）Yes.　Uh-huh.　That's right.

驚きを伝える（え，本当に？　わぁ，すごいね！）Oh, really?　Wow!

興味を示す（私も。面白いね。いいね。）Me, too!　That's interesting!　That's great!

Class____ No.____ Name_____

【評価表】

	項目	評価基準	得点		
関心意欲態度	〈積極性〉笑顔・アイコンタクト 2点	1．アイコンタクトをしながら自然な笑顔で英語を話すことができたか	A（2）両方ともできた	B（1）どちらかはできた	C（0）ひとつもできなかった／ワークシートを見た
	〈話し方〉声の大きさ 2点	2．はっきりと聞こえる大きな声で話すことができたか	A（2）はっきり聞こえた	B（1）一応聞こえた	C（0）聞こえづらかった
表現	〈話し方〉発音 2点	3．英語らしい発音で話すことができたか	A（2）英語らしい発音でできた	B（1）カタカナ英語になる時があった	C（0）カタカナ英語が多かった
	〈CS の活用〉あいづち・シャドーイング 3点	4．あいづちやシャドーイングを使って自然な会話にすることができたか	A（3）何度もあいづちやシャドーイングを使った	B（2）一度はあいづちやシャドーイングを使った	C（1）使えなかった／ワークシートを見た
	〈流暢さ〉 3点	5．ワークシートを見ずに，2分間，スムーズに会話を続けることができたか	A（3）沈黙はほとんどなかった	B（2）時々沈黙があった	C（1）沈黙が多かった／ワークシートを見た
	〈言語材料の活用〉 4点	6．疑問文の意味を理解し，正確に答えることができたか	A（4）疑問詞の意味をすべて理解し，ほぼすべて正確に答えることができた	B（3）疑問詞の意味はすべて理解できていたが，正確に答えられない時があった	C（1）あまり正確に答えられなかった／ワークシートを見た
	〈言語材料の活用〉 4点	7．be 動詞や一般動詞の過去形を正しく使って話すことができたか	A（4）だいたい正確な文法で話せた	B（3）時々間違えることはあったが，意味は十分に伝わった	C（1）間違いが多く，意味が伝わらないことも多かった／ワークシートを見た
		総合判定	A⁺/A/A⁻ すばらしかった	B⁺/B/B⁻ よくできた	C⁺/C/C⁻ 次はがんばろう

話し方・態度：　　　6点
CS の活用・流暢さ：　6点
言語材料の正確な活用：8点
　　　　　　　計20点

／20

Task3　　What are you going to do?
be going to ～① 　ゴールデンウィークの予定は？

目　標	be going to ～を使って，未来のことを言えるようになる。
時　間	25分
準備物	ワークシート，本（実物），映画の DVD（実物）

1．タスクの進め方
○Pre-task

1．Step1として，教師が実物を見せながらゴールデンウィークの予定を話して，内容について メモをとらせる。

> T：Golden Week is coming! Do you have any plans for Golden Week? I have some. I'm going to watch some movies next week. Are you going to watch some movies next week?
>
> S：Yes! / No.
>
> T：I'm going to read some books on May 3rd. Are you going to read some books on May 3rd?
>
> S：Yes! / No.
>
> T：I'm going to go to Mt. Fuji on May 5th. Are you going to go to Mt. Fuji on May 5th?
>
> S：Yes! / No.
>
> T：Is he / she going to go to Mt. Fuji on May 5th?

2．Step2として，Step1の例文をもう一度聞かせて，聞こえた方に○をつけさせる。

3．Step3として，be going to ～ の形式と意味を生徒に気づかせる。

○Task

1．Step4として，自分のゴールデンウィークの予定を4つ書き込ませる。

2．Model Dialog を基に，友達を誘う。相手と予定が合ったらその人の名前とすることを 表に書く。

3．Step5として，友達と決めた予定を be going to ～ を使った文章にして書く。

2．ワンポイント・アドバイス

・慣れてきたら，Model Dialog を見ないように指示する。

（Yoshi ゼミ）

Class____ No.____ Name_____

Work Sheet

What are you going to do?
ゴールデンウィークの予定は？

Step1　先生のゴールデンウィークの予定を聞き取ろう！

何をする？	いつ？

Step2　もう一度，先生の話を聞いて，聞こえた方に○をつけよう！

(1)　I（ 'm going / 'm going to ）watch movies next week.

(2)　I'm（ go / going ）to read some books on May 3rd.

(3)　I'm going（ to / of ）go to Mt. Fuji on May 5th.

Step3　Grammar Point

◎ I'm going to watch movies next week.

　　　　　　　　　　　　　↓

　　　　いつのこと？（ 過去 / 現在 / 未来 ）

★（　　　　　　）に何かをすることを決めている時には，

　（　　　　　）＋（　　　　　）＋（　　　　　）を使う。

　そのすぐ後ろの動詞は（　　　　　）になる。

★意味は（　　　　　　）となる。

◎ Are you going to watch movies next week?

★疑問文を作る時は be 動詞を（　　　　　）に出す。

Part2　フォーカス・オン・フォーム＆パフォーマンス・テストアイデア　27

Class____ No.____ Name_____

Step4　自分の予定を４つ書こう。友達にインタビューをして，ゴールデンウィークの予定を決めよう！

〈Model Dialog〉

A：Do you have any plans on（日にち／曜日）？

【Yes の時】

B：Yes, I do.　I'm going to（すること）on（日にち／曜日）〔or〕with（だれか）.

A：Ok, I see.　Thank you, good-bye!

【No の時】

B：No, I don't.

A：Really?　I'm going to（すること）on（日にち／曜日）.　Let's（すること）with me on（日にち／曜日）？

B：Sure! / I'm sorry.

〈ゴールデンウィークの予定〉

5／1　(Mon)	5／2　(Tue)	5／3　(Wed)	5／4　(Thu)
5／5　(Fri)	5／6　(Sat)	5／7　(Sun)	5／8　(Mon)
			School

〈やることの例〉　（使っても使わなくてもいい）

・go shopping　　・do homework　　・play soccer　　・play tennis

・play video games　　・watch TV　　・watch movies　etc.

Step5　予定を書いて発表しよう！

Ex）I am going to do homework with Yoshi on Saturday.

　　We are going to play video games on May 5th.

_____

_____

_____

Task4　My Weekend Plan（Review）
be going to ～②　わたしの週末の予定

目　標	週末の予定について会話ができるようになる。
時　間	50分×2
準備物	ワークシート，評価表，タイマー

1. タスクの進め方

○Pre-task

1．教師は生徒に2人1組のSpeaking testを行うことを連絡をする。

Speaking testについては，当日までだれと当たるかはわからないことを伝える。

また，Speaking testの評価基準を伝える。

2．ワークシートのStep1の質問に対する各自の答えを記入させる。

3．Step1の質問の他に，このテーマについて会話の相手に尋ねられそうな質問を考えさせ，ワークシートのPlus1 Questionの欄に記入させる。

○Task

1．教師はワークシートのStep2の会話の流れを説明する。

2．Step2の会話を教師の後についてリピートさせ，発音練習をさせる。

3．「言葉が出てこない時は…」，「聞き取れない時は…」の表現の使い方と発音練習をさせる。

4．ペアを作り，時間を計りながら，会話の練習をさせる。ペアを変えて数回行う。

5．会話練習の後，先ほど行った会話に適したPlus1 Questionを考えてワークシートに記入させる。

2. ワンポイント・アドバイス

・生徒がPlus1 Questionを自ら考えつかないようであれば，教科書の参考になるページを伝えたり，既習の疑問詞を思い出させるようにする。

・Speaking test本番のペアを決めるくじは，Speaking testの前日までに引かせる方がSpeaking testがスムーズに進められるが，会話の相手は生徒にはSpeaking testの直前までは知らせない。

（森岡健美）

Class____ No.____ Name_____

**Work
Sheet**

My Weekend Plan
わたしの週末の予定

Step1 Prepare to talk with your classmates.

(1) What are you going to do this [next] weekend?
　　（あなたはこの［次の］週末に何をする予定ですか？）

_____

(2) Who are you going to do that with?
　　（だれとそれをするつもりですか？）

_____

(3) Where are you going to go? / How long are you going to do that?
　　（どこへ行くつもりですか？ / どのくらい長くそれをするつもりですか？）

_____

Plus1 Question

_____

_____

_____

_____

_____

_____

Class＿＿ No.＿＿ Name＿＿＿＿＿＿＿＿＿＿＿＿

Step2　Talk with your classmates.

A：Hi. How are you doing?

B：Fine, thanks. And you?　　｝会話を始める時のあいさつ

A：Great.

　　So, what are you going to do this ［next］ weekend?

B：Well, I'm going to ….

A：That's nice. / Wonderful. / Sounds great.

> 相手の言ったこと
> にあいづちをうつ
> （ほめる）

　　Who are you going to do that with?

B：With …. / By myself.

A：With …? / By yourself? Really?

> 相手の言ったこと
> をくり返し，驚き
> や関心を表す

　　Where are you going to go? / How long are you going to do that?

B：I'm going to ….

A：That's nice. / Wonderful. / Sounds great.

> 言葉が出てこない時は…
> Well, … / Uh …
> Let's see. / Let me see.

Plus1　Question

B：….

A：I see.

B：How about you? What are you going to do this ［next］ weekend?

A：I'm going to ….

B：That's nice. / Wonderful. / Sounds great.

　　Who are you going to do that with?

A：With …. / By myself.

B：With …? / By yourself? Really?

　　Where are you going to go? / How long are you going to do that?

A：I'm going to ….

B：That's nice. / Wonderful. / Sounds great.

Plus1　Question

A：….

B：I see.

> 聞き取れない時は…
> Pardon? / Excuse me?
> Sorry? / Once more, please.
> Could you say that again?
> Could you speak more slowly?

　　⋮（タイマーが鳴るまで会話を続ける。）

　　Well, nice talking with you.　　｝会話を終える時のあいさつ

A：You, too.

Part2　フォーカス・オン・フォーム＆パフォーマンス・テストアイデア　31

Class____ No.____ Name_____

【評価表：Evaluation Form（Speaking test）】

(1) 流暢さ

Criteria（評価基準）	得点
・1分30秒間，スムーズに英語で会話を続けることができた。 ・会話を始める時，終える時のあいさつができた。 ・あいづちをうったり，関心を表したりすることを会話の中で数回行い，しかもそれが自然にできた。	7
・途切れながらも1分30秒間，英語で会話を続けることができた。 ・会話を始める時，終える時のあいさつができた。 ・あいづちをうったり，関心を表したりすることができた。	5
・会話が1分30秒間もたなかった。 ・会話を始める時，終える時のあいさつができた。 ・あいづちをうったり，関心を表したりすることがほとんどできなかった。	3
・長く沈黙することがあった。あるいは途中で日本語になってしまった。 ・会話を始める時，終える時のあいさつ，あいづち，関心を表したりすることができなかった。	1

(2) 正確さ

Criteria（評価基準）	得点
最初の3つの質問，Plus1 Question とその答えをほとんど言い直すことなく正しく言うことができた。	10
最初の3つの質問，Plus1 Question とその答えを何度か言い直すことはあったが，ほぼ正しく言うことができた。	8
最初の3つの質問，Plus1 Question とその答えを何度か言い直すことがあり，間違いもいくつかあった。	6
最初の3つの質問，Plus1 Question とその答えのうち半分以上は正しく言うことができた。	4
文法の間違いは多くあったが，何とか意味を通じさせることができた。	2
文法がほとんど正しく使えておらず，発話もほとんど受け答えのみだった。	1

(3) 声の大きさ，アイコンタクト

Criteria（評価基準）	得点
・相手に十分聞こえる大きな声ではっきりと話すことができた。 ・アイコンタクトをして相手が理解しているかどうか確認しようとしていた。	5
声の大きさかアイコンタクトのどちらかはよかったが，もう1つが不十分だった。	3
声の大きさとアイコンタクトの両方ともが不十分だった。	1

／22

Task5　Have a nice trip!
Show ＋人＋物　持ち物を紹介しよう！

目　標	タスクを通して，Show ＋人＋物の形を理解し，使えるようになる。
時　間	20分
準備物	ワークシート，絵カード（インプット用），パスポートカード，カントリーカード

1. タスクの進め方

○Pre-task

1. Step1として，教師は自分の持ち物3つを紹介する。その後，クラス全体に教師が紹介したものを生徒は持っているかShow ＋人＋物を使って質問する。

> （例）T：Today, I introduce three things. Please listen carefully.
>
> 　　　　The first one is an eraser. Do you have an eraser? Everyone, please show me your eraser.
>
> 　　　　The second one is a pair of scissors. Do you have scissors?
>
> 　　Some students：Yes, I do.
>
> 　　T：Please show me your scissors.
>
> 　　　　The last one is a passport. Do you have a passport?
>
> 　　S：No, I don't.
>
> 　　T：（生徒1人にパスポートを渡す。）Please show me your passport.

2. Step2として，Step1の例文をもう一度聞かせて，（　　）を埋めさせる。
3. Step3として，Show ＋人＋物の形式と意味を生徒に気づかせる。

○Task

1. Step4として，パスポートカードとカントリーカードを生徒に配る。
2. パスポートカードに書かれている自分の国を確認し，Purpose の欄に○をつけさせる。
3. カントリーカードをビンゴシートに貼って，自分のビンゴカードを作らせる。
4. ペアでじゃんけんをして勝った方がOfficer になる。Model Dialog を基に，会話をさせる。終わったところはOfficer と Tourist の役割を交代させる。
5. 時間内に，いくつビンゴができたかを生徒に聞く。

2. ワンポイント・アドバイス

・Model Dialog には，show 以外にも重要な表現があるので，ビンゴを始める前にしっかりと発音や意味を確認しておく。

（Yoshi ゼミ）

Part2　フォーカス・オン・フォーム&パフォーマンス・テストアイデア　33

Class____ No.____ Name_____

Work Sheet

Have a nice trip!
持ち物を紹介しよう！

Step1　先生が見せたものは何かな？　□の中に○をつけよう！

Step2　会話を聞いて（　　）をうめよう！

(1)　Please show（　　　　）your eraser.

(2)　Please show me（　　　　）scissors.

(3)　Please（　　　　）（　　　　）your passport.

Step3　Grammar Point　語群から選んで①〜③に入れてみよう！

◎ Please show me your passport.

（意味：　　　　　　　　　　　　　　　　　　　　　　　　　　）

★show の後ろに（①　　　　）を表す語を入れ，そしてその後ろに（②　　　　）を表す語を入れることで「（①　　　　）に（②　　　　）を見せてください」という意味になる。

★お願いする場合は文の先頭または最後に（③　　　　）を忘れないこと。

〈語群〉　Please，人，もの

Step4　カントリーカードを貼って，自分のビンゴカードを作ろう！

〈Model Dialog〉

<u>Conversation at セントレア空港！</u>

Officer ：Show me your passport please?

Tourist ：Sure.

34

Class____ No.____ Name_____

Officer ：What is your name?

Tourist ：My name is _____.

Officer ：How long are you going to stay in Japan?

Tourist ：I'm going to stay in Japan for _____.

Officer ：What's the purpose of your visit?

Tourist ：For _____.

Officer ：Have a nice trip! / Enjoy your stay!

〈ビンゴシート〉

Name _____ How long _____ Purpose _____	Name _____ How long _____ Purpose _____	Name _____ How long _____ Purpose _____
Name _____ How long _____ Purpose _____	Name _____ How long _____ Purpose _____	Name _____ How long _____ Purpose _____
Name _____ How long _____ Purpose _____	Name _____ How long _____ Purpose _____	Name _____ How long _____ Purpose _____

Part2　フォーカス・オン・フォーム＆パフォーマンス・テストアイデア　35

【パスポートカード】

FRANCE

Name（名前） _____

How long are you going to stay?（滞在期間）　1 month

Purpose（渡航目的）　work / study / sightseeing

INDIA

Name（名前） _____

How long are you going to stay?（滞在期間）　2 weeks

Purpose（渡航目的）　work / study / sightseeing

SPAIN

Name（名前） _____

How long are you going to stay?（滞在期間）　1 year

Purpose（渡航目的）　work / study / sightseeing

BRAZIL

Name（名前） _____

How long are you going to stay?（滞在期間）　5 years

Purpose（渡航目的）　work / study / sightseeing

JAPAN

Name（名前） _____

How long are you going to stay?（滞在期間）　6 months

Purpose（渡航目的）　work / study / sightseeing

【パスポートカード】

	AMERICA
	Name（名前）_____
	How long are you going to stay?（滞在期間）　4 years
	Purpose（渡航目的）　work / study / sightseeing

	KOREA
	Name（名前）_____
	How long are you going to stay?（滞在期間）　3 weeks
	Purpose（渡航目的）　work / study / sightseeing

	AUSTRALIA
	Name（名前）_____
	How long are you going to stay?（滞在期間）　1 year
	Purpose（渡航目的）　work / study / sightseeing

	CANADA
	Name（名前）_____
	How long are you going to stay?（滞在期間）　2 weeks
	Purpose（渡航目的）　work / study / sightseeing

	ITALY
	Name（名前）_____
	How long are you going to stay?（滞在期間）　3 years
	Purpose（渡航目的）　work / study / sightseeing

Part2　フォーカス・オン・フォーム＆パフォーマンス・テストアイデア　37

【カントリーカード】

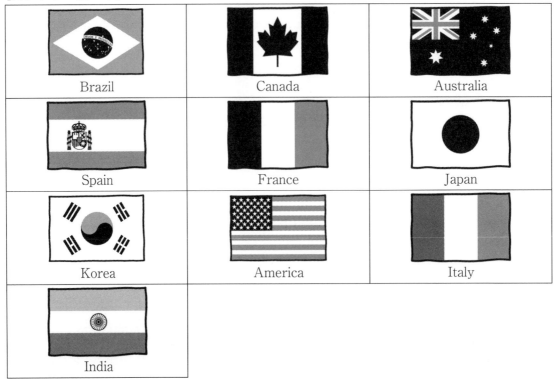

Task6 　**What do you call it in English?**
call Ａ Ｂ　英語で何と言うの？

目　標	call を使って和製英語になっているものを英語では何と言うか聞いたり答えたりすることができるようになる。
時　間	30分
準備物	ワークシート１・Ａ・Ｂ，絵，写真，実物

1．タスクの進め方

○Pre-task

1．Step1として，絵や写真，実物などを用いて，教師と ALT で call を使った会話を導入する。

---

(1)　A：We call this *furaidopoteto* in Japanese.　What do you call it in English?

　　　B：We call it French fries in English.

　　　A：Oh, I see.

(2)　A：We call this *keitai* in Japanese.　What do you call it in English?

　　　B：We call it cell phone in English.

　　　A：Oh, I see.

(3)　A：We call this *geinin* in Japanese.　What do you call him in English?

　　　B：We call him a comedian in English.

2．Step2として，Step1の例文をもう一度聞かせて，（　　）を埋めさせる。

3．Step3として，call の形式と意味に気づかせる。

○Task

1．Step4として，隣同士が異なる種類のワークシートを持つように，ワークシートＡとＢを配る。

2．隣同士でペアになり，ワークシートＡの生徒からワークシートの上の表から聞きたい絵を指差しながら，"We call it ～ in Japanese.　What do you call it in English?" と聞く。

3．聞かれた生徒はワークシートの下の表を見て "We call it ～ in English." と答える。

4．聞いた生徒は上の表に答えを記入する。ペアで交互に聞き合って全部のマスを埋める。

5．全部終わったら，印象に残っているものについて１つ選び We call（日本語）（英語）in English. の形で英文にしてワークシートに記入する。

2．ワンポイント・アドバイス

・スペルがわからない場合は，"How do you spell it?" と質問させる。　　　　　（Yoshi ゼミ）

Part2　フォーカス・オン・フォーム＆パフォーマンス・テストアイデア　39

Class____ No.____ Name_____

Work Sheet1

What do you call it in English?
英語で何と言うの？

Step1　先生と ALT の会話を聞いて，英語では何と言うのか表にまとめよう！

Japanese	English
(1)　*furaidopoteto*	
(2)　*keitai*	
(3)　*geinin*	

Step2　もう一度，先生と ALT の会話を聞いて，（　　）をうめよう！

(1)　A：We (　　　) this *furaidopoteto* in (　　　　　).

　　　　What do you (　　　) it in (　　　　　) ?

　　B：We (　　　) it French fries in (　　　　).

　　A：Oh, I see.

(2)　A：We (　　　) this *keitai* in Japanese. (　　　　) do you call it in English?

　　B：We (　　　) it cell phone in English.

　　A：Oh, I see.

(3)　A：We (　　　) this *geinin* in Japanese. (　　　) do you (　　　) him in English?

　　B：We (　　　) him a comedian in English.

Step3　Grammar Point

◎ We call it French fries in English.

　（意味：　　　　　　　　　　　　　　　　　　　　　　　　　　　　　　　　　）

◎ We call him a comedian in English.

　（意味：　　　　　　　　　　　　　　　　　　　　　　　　　　　　　　　　　）

★ call の意味は，「ＡをＢと（　　　　　）。」

Class＿＿ No.＿＿ Name＿＿＿＿＿＿＿＿＿＿＿＿

Work SheetA

What do you call it in English?
英語で何と言うの？

Step4　Model Dialog を参照して，Aの生徒から聞きたいものを選び，絵を指差して，Bの生徒に質問しよう。Bの生徒は，下の表を見て答えよう。

〈Model Dialog〉

A：We（　　　　　）this *furaidopoteto* in Japanese.　What do you（　　　　　）it in English?

B：We（　　　　　）it French fries in English.　　　　　　　　　　*フレンチフライス

① 電子レンジ	② ジェットコースター	③ ベビーカー	④ シール
⑤ シャープペンシル	⑥ シュークリーム	⑦ サラリーマン	⑧ ペットボトル

① トランプ	② コンセント	③ チアガール	④ ガードマン
card カード	outlet アウトレット	cheerleader チアリーダー	security guard セキュリティガード
⑤ ガソリンスタンド	⑥ ノートパソコン	⑦ ミシン	⑧ カメラマン
gas station ガスステーション	laptop ラップトップ	sewing machine ソウイングマシーン	photographer フォトグラファー

★最後に…　①〜⑧から１つ選び，We call *furaidopoteto*（日本語）French fries（英語）in English. の形にして文章にしてみよう。

Part2　フォーカス・オン・フォーム＆パフォーマンス・テストアイデア　41

Class＿＿＿ No.＿＿＿ Name＿＿＿＿＿＿＿＿＿＿＿＿＿

Work SheetB

What do you call it in English?
英語で何と言うの？

Step4 Model Dialog を参照して，Aの生徒から聞きたいものを選び，絵を指差して，Bの生徒に質問しよう。Bの生徒は，下の表を見て答えよう。

〈Model Dialog〉

A：We（　　　　）this furaidopoteto in Japanese. What do you（　　　　）it in English?

B：We（　　　　）it *French fries in English. 　　　　　　　＊フレンチフライス

① トランプ	② コンセント	③ チアガール	④ ガードマン

⑤ ガソリンスタンド	⑥ ノートパソコン	⑦ ミシン	⑧ カメラマン

① 電子レンジ	② ジェットコースター	③ ベビーカー	④ シール
microwave oven マイクロウェーブオーブン	roller coaster ローラーコースター	baby carriage ベイビーキャレッジ	sticker スティッカー
⑤ シャープペンシル	⑥ シュークリーム	⑦ サラリーマン	⑧ ペットボトル
mechanical pencil メカニカルペンソー	cream puff クリームパフ	office worker オフィスワーカー	plastic bottle プラスティックボトル

★最後に… ①～⑧から１つ選び，We call *furaidopoteto*（日本語）French fries（英語）in English. の形にして文章にしてみよう。

Task7

I got up early.
不定詞・副詞的用法① 早起きした理由は？

目　標	タスクを通して，副詞的用法の不定詞を使えるようになる。
時　間	30分
準備物	ワークシート，マッチング・ゲームカード

1．タスクの進め方

○Pre-task

1．Step1として，教師が不定詞の表現を用いながら早起きした理由について話す。マッチング・ゲームカードを使いながら生徒の理解を助ける。

> In this morning, I got up early. I got up at 5 am. There are three reasons.
>
> First, I made a lunch box.
>
> So, I got up early to make a lunch box.
>
> Second, I did my homework.
>
> So, I got up early to do my homework.
>
> Third, I did "Radio-Taiso."
>
> So, I got up early to do "Radio-Taiso."

2．Step2として，Step1の例文をもう一度聞かせて，（　　）を埋めさせる。

3．Step3として，不定詞の形式と意味を生徒に気づかせる。

○Task

1．Step4として，4人グループを作り，マッチング・ゲームの説明をする。

2．神経衰弱の要領で，生徒がマッチング・ゲームカードを2枚引き，カードに書かれている英文を読み上げる。

3．文章の意味が正しく通じた時はカードをもらうことができる。1人1回引いたら次の人に回す。

4．一番カードを多くとった人が勝ち。

2．ワンポイント・アドバイス

・カードは前半と不定詞の部分で色を変え，それぞれの色のカードをとるようにする。

・最初にゲームを終了したグループが出た時点で全体のゲームも終了する。

・ゲーム終了後，勝った人は確認として，出来上がった英文を読み上げる。

（Yoshi ゼミ）

Part2　フォーカス・オン・フォーム＆パフォーマンス・テストアイデア　43

Class____ No.____ Name_____

Work Sheet

I got up early.
早起きした理由は？

Step1 問題に答えよう！
なぜ先生は早起きしたのかな？

(1)
(2)
(3)

Step2 もう一度，先生の話を聞いて，（　）をうめよう！

(1) I got up early (　　　) make a lunch box.
(2) I got up early (　　　) do my homework.
(3) I got up early (　　　) (　　　) "Radio-Taiso."

Step3 Grammar Point

◎ I got up early <u>to make</u> a lunch box.
　（意味：　　　　　　　　　　　　）

★ to +（①　　　　）で，（②　　　　）という意味になる。
★ to +（①　　　　）の形を（③　　　　）と言う。

【マッチング・ゲームカード】

Part2　フォーカス・オン・フォーム＆パフォーマンス・テストアイデア　45

Task8 What did he / she do yesterday?

不定詞・副詞的用法② 昨日したこと

目　標	不定詞の副詞的用法を用いて，人や自分がしたことを説明できるようになる。
時　間	30分
準備物	ワークシート，写真，絵カード，不定詞カード（前半・後半），答えカード

1. タスクの進め方

○Pre-task

1．Step1として，教師と ALT で昨日の出来事についてジェスチャーや絵，写真を用いて不定詞（副詞的用法）を用いた会話を聞かせ，内容についてメモをとらせる。

> T 1：What did you do yesterday?　　　　　T 2：I went to the library to study English.
>
> T 1：Oh, really? What else did you do?　　　T 2：After that, I went to the park to play with my friends.
>
> T 1：Sounds great.　　　　　　　　　　　　T 2：How about you? What did you do yesterday?
>
> T 1：Yesterday, I cooked dinner to help my mother.　T 2：Oh, really? What else did you do?
>
> T 1：I cleaned my house to help my mother.　　T 2：Sounds great.

2．Step2として，Step1の例文をもう一度聞かせて，（　　）を埋めさせる。

3．Step3として，不定詞（副詞的用法）の形式と意味に気づかせる。

○Task

1．Step4として，4人グループを作る。机の上に不定詞カード（後半）を広げさせる。生徒は，1人6枚ずつ不定詞カード（前半）を持つ。答えカードは点線で山折りにし，番号のみ見える状態で机の上に置いておく。

2．絵カードを机の真ん中に裏向きに山にして置き，じゃんけんで勝った順からめくり，"What did he / she do yesterday?" と質問する。

3．生徒は順に，絵を見て絵の内容に合うように手持ちの不定詞カード（前半）と机の上の不定詞カード（後半）を組み合わせ，文にして言う。

4．絵にかかれている番号と同じ答えカードをめくり，正解ならその絵カードをもらい，もう一度全員で文を言う。不正解なら絵カードを山からはずす。

　※不定詞カード（前半）はくり返し使うのでそのまま持っておき，不定詞カード（後半）は机の上に戻す。

5．絵カードの山がなくなるまで行い，絵カードを多くとった人の勝ち。

2. ワンポイント・アドバイス

・時間があれば，グループのメンバーを変えて，再度行うとよい。　　　　　　　　（Yoshi ゼミ）

46

Class＿＿＿ No.＿＿＿ Name＿＿＿＿＿＿＿＿＿＿＿＿＿＿

Work Sheet

What did he / she do yesterday?
昨日したこと

Step1 先生と ALT の会話を聞いて，昨日２人がしたこと（２つ）について，メモをとろう！

先生	ALT

Step2 もう一度，先生と ALT の会話を聞いて，（　　）をうめよう！

〈Model Dialog１〉

T 1：What did you do yesterday?

T 2：I went to the library （　　）（　　　　　　） English.

T 1：Oh, really? What else did you do?

T 2：After that, I went to the park （　　）（　　　　　　） with my friends.

〈Model Dialog２〉

T 2：What did you do yesterday?

T 1：Yesterday, I cooked dinner （　　）（　　　　　　） my mother.

T 2：Oh, really? What else did you do?

T 1：I cleaned my house （　　）（　　　　　　） my mother.

Step3 Grammar Point

◎I went to the library to study English.

　（意味：　　　　　　　　　　　　　　　　　　　　　）

◎I cooked dinner to help my mother.

　（意味：　　　　　　　　　　　　　　　　　　　　　）

★to ＋動詞の（　　　　）を（　　　　）と言う。

　意味は，「～（　　　　　　）」となり，（　　　　　　）を表す。

Part2　フォーカス・オン・フォーム＆パフォーマンス・テストアイデア　47

【絵カード】

【絵カード】

【不定詞カード（前半）】

He went to the festival	He went to the library
He got up early	She cooked
He went to the park	She bought an apple
She stayed at home	He went to Osaka
She cleaned her house	He ran fast

【不定詞カード（後半）】

to eat yakisoba.	to read books.
to do radio exercise.	to help her mother.
to bake an apple pie.	to eat.
to study math.	to play with his friends.
to watch fireworks.	to eat takoyaki.
to study English.	to catch the bus.
to see Tsutenkaku.	to draw a picture.

【答えカード】

①	He went to the festival to eat *yakisoba*.
②	He went to the library to read books.
③	He got up early to do radio exercise.
④	She cooked to help her mother.
⑤	He went to the park to do radio exercise.
⑥	She bought an apple to bake an apple pie.
⑦	She bought an apple to eat.
⑧	She stayed at home to study math.
⑨	He went to the park to play with his friends.
⑩	He went to the festival to watch fireworks.
⑪	He went to the festival to eat *takoyaki*.
⑫	She stayed at home to study English.
⑬	He went to the library to study English.
⑭	He got up early to catch the bus.
⑮	He went to Osaka to eat *takoyaki*.
⑯	He went to Osaka to see Tsutenkaku.
⑰	She cleaned her house to help her mother.
⑱	He ran fast to catch the bus.
⑲	She stayed at home to read books.
⑳	He went to the park to draw a picture.

Part2　フォーカス・オン・フォーム&パフォーマンス・テストアイデア　51

Task9　Do you want to go to Tokyo?
不定詞・副詞的用法③　クラス調査をしよう！

目　標	目的や理由を伝えることができるようになる。
時　間	30分
準備物	ワークシート, タイマー

1. タスクの進め方
○Pre-task

1．Step1として，教師の Model Dialog を聞かせ，内容に関する質問に答えさせる。ペアで答えを確認させてから，全体で確認する。

> A：Did you go out this weekend?　　　B：Yes, I went to Nagoya with my family.
>
> A：Oh, really?　Why did you go there?　To do some shopping?　　　B：No.　To see a baseball game.
>
> A：Oh, a baseball game between Dragons and Carps.　　　B：Yes.　How about you?　Did you go anywhere?
>
> A：Yes, I did.　I went to Gifu with my friends.　　　B：Oh, why did you go there?
>
> A：To go fishing in a river.　　　B：Oh, really?　I like fishing, too.　Let's go fishing together next time.

2．Step2として，教師の Model Dialog をもう一度聞かせて，聞こえた英語を（　　）内に書かせることで，不定詞の形式に注目させる。

3．Step3として，不定詞の副詞的用法の形式と意味に気づかせる。

○Task

1．Step4として，クラス調査の準備を行う。生徒に教師が用意した3つのアンケートに答えさせ，それを基にペアを変えて3人の生徒と会話をさせる。

2．Step5として，クラス調査を行うアンケートを準備させる。3つのモデルを参考に，オリジナルの質問と答えを書かせる。

3．Step5の Model Dialog を教師とボランティアの生徒でやってみせる。

4．Communication Strategies も使いながらペアで会話をさせる。最初にじゃんけんをして勝った人から先に質問をし，その後交代して，同じペアで2セット会話をさせる。時間内にできるだけ多くの生徒に質問させる。

5．Step6として，例文を参考に，「○○人の生徒が～するために…します。」という英文を書かせる。時間があれば，数人に発表させる。

2. ワンポイント・アドバイス

・Model Dialog は，ALT との会話をあらかじめ録画（または録音）しておくとよい。

（福元有希美）

Class＿＿ No.＿＿ Name＿＿＿＿＿＿＿＿＿＿＿

Work Sheet

Do you want to go to Tokyo?
クラス調査をしよう！

Step1　先生の会話を聞いて，表にまとめよう！

	どこに行った？	だれと？	何をするために？
先生			
先生			

Step2　もう一度，先生の会話を聞いて，（　　）の中に聞こえた英語を書こう！

(1)　A：Why did you go there?（　　　　　）do some shopping?

　　B：No.（　　　　　）see a baseball game.

(2)　B：Oh, why did you go there?

　　A：（　　　　　）go fishing in a river.

Step3　Grammar Point

Why?　　　　　　　→　To read books.	
意味：（　　　　　）→　（　　　　　　　　　　　）	
ポイント　to ＋（　　　　　　　）は，（　　　　　　　）という意味になり，目的や理由を表すことができる。	

Part2　フォーカス・オン・フォーム＆パフォーマンス・テストアイデア　53

Class____ No.____ Name_____

Step4　次のアンケートに答えよう。

　質問に対する答えが Yes だった場合は，その目的を①〜⑥の中から選び，○をつけよう（⑥を選んだ場合は，自分の答えを（　　）の中に書こう）。ペアを変えて３人の友達と会話をしよう。

(1)　Do you use the Internet? 　　→（ Yes, I do. / No, I don't. ） 　　Why? 　　① To check websites.　　② To read news and blogs.　*ブログ 　　③ To see YouTube videos.　④ To enjoy online shopping.　*インターネット上の 　　⑤ To use SNS.　　　　　　⑥ Other（　　　　　　　　　　　　　　　）
(2)　Do you want to go to Tokyo? 　　→（ Yes, I do. / No, I don't. ） 　　Why? 　　① To visit Shibuya.　　　② To visit Odaiba.　　③ To visit Akihabara. 　　④ To visit TOKYO SKYTREE.　⑤ To visit Asakusa.　⑥ Other（　　　　　　）
(3)　Do you stay up late on weekends?　　　　　　*夜ふかしする，遅くまで起きている 　　→（ Yes, I do. / No, I don't. ） 　　Why? 　　① To read books.　② To watch TV / movies.　③ To play video games. 　　④ To use the Internet / smart phone.　⑤ To study.　⑥ Other（　　　　　）

Step5　クラス調査をしよう！

(1)　はじめに，Step4の３つの質問と答えを参考にして，あなたが聞きたい質問とそれに対して考えられる答えを４つ書こう。

質問_____ ①_____ ②_____ ③_____ ④_____

Class____ No.____ Name_____

(2)　Model Dialog をもとに，Communication Strategies を使いながら英語で話そう。相手が
　答えにつまったら，Model Dialog Aにあるように目的の１つを聞いてみよう。

〈Model Dialog A〉

A：Do you want to go to Tokyo?

B：Yes, I do.

A：Why?

B：Let's see ….

A：To see Mickey Mouse?

B：That's right.

〈Model Dialog B〉

A：Do you want to go to Tokyo?

B：No, I don't.

A：I see.　Thanks anyway.

〈Communication Strategies〉

間をつなぐ（えーと。あの〜。）Well …　Um …　Uh …　Hmm …　Let's see.

相手の言ったことを確かめる（シャドーイング）（例）Do you want to go to Tokyo? → Tokyo?

相手の言ったことにうなずく（ええ。うんうん。そのとおり。）Yes.　Uh-huh.　That's right.

驚きを伝える（え，本当に？　わぁ，すごいね！）Oh, really?　Wow!

興味を示す（私も。面白いね。いいね。）Me, too!　That's interesting!　That's great!

Step6　例にならって，クラス調査の結果を英文でまとめよう。多かった答えや興味深いと思った答えを中心に，３文以上書こう！

Ex）Thirteen students want to go to Tokyo to visit Shibuya.

Part2　フォーカス・オン・フォーム＆パフォーマンス・テストアイデア　55

Task10　　　My Dream
不定詞・名詞的用法　将来の夢は？

目　標	タスクを通して，want to（動詞の原形）が使えるようになる。
時　間	20分
準備物	ワークシート，写真（input用），職業カード，タイマー

1．タスクの進め方

○Pre-task

1．Step1として，教師は写真を見せながらwant to（動詞の原形）の表現を使って自己紹介を行う。生徒に聞き取れたことをワークシートに書かせる。

> （例）Ok, I introduce myself. Please listen carefully.
>
> 　　　I like Italy. I want to go to Italy.
>
> 　　　I like pizza. I want to eat piazza in Italy.
>
> 　　　I play soccer. I want to be a soccer player.

2．Step2として，Step1の自己紹介文をもう一度聞かせて，あてはまる方に○をつけさせる。

3．Step3として，不定詞の名詞的用法の形式と意味に気づかせる。

○Task

1．Step4として，職業カードを10枚渡し，1人1枚選ばせる。

2．自分の選んだ職業以外の9枚を好きなようにビンゴシートの中に貼らせる。

3．Model Dialog にならって会話をさせ，相手の職業がビンゴシートの中にあればそのマスにサインをもらうように指示する。

4．5分以内にビンゴをできるだけ多く作らせる。

2．ワンポイント・アドバイス

・答える時は，必ずwant to 〜を使うように指示する。

（Yoshi ゼミ）

56

Class___ No.___ Name_____

Work Sheet

My Dream
将来の夢は？

Step1　先生の自己紹介を聞いて，わかったことを書こう！

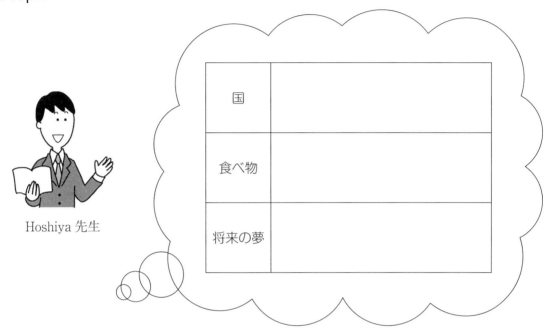

Hoshiya 先生

国	
食べ物	
将来の夢	

Step2　もう一度，先生の自己紹介を聞いて，あてはまる方に○をつけよう！

(1) I like Italy. I want (to go / go) to Italy.
(2) I like pizza. I want (to eat / eat) pizza in Italy.
(3) I play soccer. I want (to be / be) a soccer player.

Step3　Grammar Point

◎ I want to go to Italy.
　（意味：　　　　　　　　　　　　　　）
★ want to の後に（　　　　　）を入れることで（　　　　　）という意味になる。

◎ I want to be a soccer player.
　（意味：　　　　　　　　　　　　　　）
★ be を want to の後ろに置くことで（　　　　　）という意味になる。

Class___ No.___ Name_____

Step4　Model Dialog にならって友達の職業を聞こう！

〈Model Dialog〉
じゃんけんで勝った方がAだよ！
A & B：Hello, how are you?　I'm 〜.
A：What do you want to be?
B：I want to be a（　　　　　）.
A：(Nice! / Good! / Great! / I see.)
A & B：Nice talking with you!　Bye!　＊Change your role.

選んだ職業を貼る。

〈ビンゴシート〉　　　Bingo Game!　What is your job?

サイン	サイン	サイン
サイン	サイン	サイン
サイン	サイン	サイン

【職業カード】

Task11　It's something to eat.
不定詞・形容詞的用法①　カルタゲーム

目　標	タスクを通して，不定詞（形容詞的用法）を使えるようになる。
時　間	30分
準備物	ワークシート，実物（チョコレート，紅茶，本），カルタシート，絵カード

1．タスクの進め方

○Pre-task

1．Step1として，教師は実物をカバンの中に入れ，不定詞の形容詞的用法の表現を用いながら生徒にクイズを出し，何が入っているかを当てさせる。クイズは，3回くり返す。

> （例1）　T：I'm hungry now, but I have something to eat. I really like it. It is sweet and the color is brown. What is it?
>
> 　　　　Ss：Chocolate.　　T：Yes, that's right.
>
> （例2）　T：I'm thirsty now, but I have something to drink. British people drink it in the morning. What is it?
>
> 　　　　Ss：Tea.　　T：Yes, that's right.
>
> （例3）　T：I like to read books. I have a book to read. Matayoshi wrote it in 2015. What is it?
>
> 　　　　Ss：Hibana.　　T：Yes, that's right.

2．Step2として，Step1の例文をもう一度聞かせて，（　　）を埋めさせる。

3．Step3として，不定詞の形容詞的用法の形式と意味に気づかせる。

○Task

1．Step4として，4人グループを作る。

2．1グループに，絵カードと文章の書かれたカード（カルタシート）のセットを配る。絵カードは机の上に表を向けて散らばせ，カルタシートは山にしておく。

3．グループの中で順番を決め，じゃんけんに勝った人がカルタシートを山から1枚とり，文章を読む。他の人は絵カードを見て，文章に合った絵をとる。

4．絵カードをとった人は，"I got something to eat. It is a cake." のようにくり返す。

5．一番多く絵カードをとった人が勝ち。

2．ワンポイント・アドバイス

・お手つきをしたら1回休みにする。

（Yoshiゼミ）

Class____ No.____ Name_____

Work Sheet

It's something to eat.
カルタゲーム

Step1   先生のクイズに答えよう！

(1)

(2)

(3)

Step2   もう一度，先生のクイズを聞いて，（　　）をうめよう！

(1) I'm hungry now, but I have something （　　　）（　　　　　）.

(2) I'm thirsty now, but I have something （　　　）（　　　　　）.

(3) I like to read books. I have a book （　　　）（　　　　　）.

Step3 Grammar Point

◎ I have something to eat.
  （意味：　　　　　　　　　　　　　　　　）
◎ I have a book to read.
  （意味：　　　　　　　　　　　　　　　　）

★ to ＋動詞の（　　　　）を（　　　　）と言う。
  意味は，「〜（　　　　　　）」となり，前の（　　　　　　）を修飾する。

Part2　フォーカス・オン・フォーム&パフォーマンス・テストアイデア　61

【カルタシート】

· It's something to eat. · It is sweet. · We eat it on a birthday. What is it? 〈a cake〉	· It's something to eat. · The shape is round. · The color is red. What is it? 〈an apple〉	· It's something to eat. · We eat it on New Year's Day. · The color is white. What is it? 〈rice cake（もち）〉
· It's something to drink. · We drink it for lunch. · The color is white. What is it? 〈milk〉	· It's something to read. · We read it in the morning. · We get information. What is it? 〈newspaper〉	· It's something to drink. · We drink it in the morning. · The color is black. What is it? 〈coffee〉
· It's something to eat. · We eat it in summer. · We eat many kinds of flavors. What is it? 〈shaved ice（かき氷）〉	· It's something to eat. · We eat it in summer. · The colors are green and black. What is it? 〈watermelon〉	· It's something to drink. · The taste is lemon. · It's a kind of soda. What is it? 〈Lemon soda〉
· It's something to watch in summer. · It's colorful. · We watch them in the sky. What is it? 〈firework〉	· It's something hot to drink. · It is sweet. · We drink it in winter. What is it? 〈hot cocoa〉	· It's something to eat. · We eat it in winter. · The color is orange. What is it? 〈an orange〉
· It's something to eat. · We eat it in autumn. · The color is brown. What is it? 〈a chestnut（栗）〉	· It's something to watch in spring. · We have a party under the tree. · The color is pink. What is it? 〈cherry blossoms（桜）〉	· It's something to eat in autumn. · It is sweet. · The color is purple. What is it? 〈a sweet potato（さつまいも）〉
· It's something to make in winter. · It has a head and a body. · It has eyes. What is it? 〈a snowman（雪だるま）〉	· It's something to make in winter. · The color is white. · It is like a dome. What is it? 〈an igloo（かまくら）〉	· It's a book to read. · It has many stories. · It has many illustrations. What is it? 〈comic book〉

【絵カード】

Task12　Money to help other people
不定詞・形容詞的用法②　くわしく説明しよう！

目　標	名詞をくわしく説明することができるようになる。
時　間	30分
準備物	ワークシート，連想ゲームカード

1. タスクの進め方

○Pre-task

1．Step1として，12の品物を4つのグループにわけさせて，どのようなグループか日本語で書かせる。ペアで答えを確認させてから，全体で確認する。

2．Step2として，Step1の品物がどのようなグループにわかれるかの答えを英語で聞き取らせて，（　　）内を埋めさせることで，不定詞の形容詞用法に注目させる。

3．Step3として，5つのものについて，その説明に当たるものを選び，線で結ばせる。ペアで答えを確認させてから，全体で確認する。

> ①　募金 ― Ⓔ　money to help other people　②　紅茶 ― Ⓒ　something to drink
> ③　音楽の授業 ― Ⓑ　time to sing songs　④　通天閣 ― Ⓐ　a place to visit
> ⑤　たこ焼き ― Ⓓ　something hot to eat

4．Step4として，不定詞の形容詞的用法の形式と意味に気づかせる。

○Task

1．Step5として，Step3の5つのものについて Communication Strategies も使いながら英語で説明する会話練習を行う。ペアでじゃんけんをして，勝った人が "What is *takoyaki*?" のように聞き，負けた人が "It's something hot to eat." のように答える。ペアを変えて，2回行う。

2．Step6として，4人グループを作り，連想ゲームを作らせる。与えられたお題（something to ～）から連想するものをカードになるべくたくさん書かせる。なるべく英語で書かせたいが，むずかしければ日本語でもよい。

3．Step7として，ペアでStep5の Model Dialog を基に，生徒が作った連想ゲームを行う。1回目で正解なら3点，2回目は2点，3回目は1点がもらえる。ペアを変えて3回行う。

2. ワンポイント・アドバイス

・Step7のペアを作る際，同じグループのメンバーとペアにならないように配慮する。

（福元有希美）

Class____ No.____ Name_____

Work Sheet

Money to help other people
くわしく説明しよう！

Step1 次の品物を４つのグループにわけよう。また，どのようなグループか書こう！

① pen	② milk	③ hamburger	④ juice	⑤ pencil	⑥ cap
⑦ potato	⑧ jacket	⑨ coffee	⑩ pizza	⑪ gloves	⑫ marker

どんなグループ？				
番号				

Step2 Step1の品物がどのようなグループにわかれるか英語で答えを聞き，（　　）に聞こえた英語を書こう！

グループ１：something（　　　　　　　）（　　　　　　　　　　）

グループ２：something（　　　　　　　）（　　　　　　　　　　）

グループ３：something（　　　　　　　）（　　　　　　　　　　）

グループ４：something（　　　　　　　）（　　　　　　　　　　）

Step3 ①〜⑤の説明に当たるものをⒶ〜Ⓔの中から選び，線で結ぼう！

① 募金　　　　　　・　　　　　　・　　Ⓐ a place to visit

② 紅茶　　　　　　・　　　　　　・　　Ⓑ time to sing songs

③ 音楽の授業　　　・　　　　　　・　　Ⓒ something to drink

④ 通天閣　　　　　・　　　　　　・　　Ⓓ something hot to eat

⑤ たこ焼き　　　　・　　　　　　・　　Ⓔ money to help other people

Part2　フォーカス・オン・フォーム＆パフォーマンス・テストアイデア　65

Class＿＿＿ No.＿＿＿ Name＿＿＿＿＿＿＿＿＿＿＿＿＿＿

Step4　Grammar Point

意味：place（　　　　　　　　）/ visit（　　　　　　　　）
　　　→ a place to visit（　　　　　　　　　　　　　　）
意味：something（　　　　　　　　）/ drink（　　　　　　　　）
　　　→ something to drink（　　　　　　　　　　　　　）
ポイント　不定詞（to 動詞の原形）が（　　　　　　　）の後ろにくる時は，
　　　　　「～（　　　　　）○○，～（　　　　　　）○○」という意味になる。

Step5　Communication Strategies を使いながら，Step3の５つのものを英語で説明しよう！

　ペアでじゃんけんをして，勝った人が「○○は何ですか。」と質問し，負けた人が「それは〜です。」と答えます。見た目，味，どのようなものかなどの情報も足して，くわしい説明にしよう。

① 募金　　② 紅茶　　③ 音楽の授業　　④ 通天閣　　⑤ たこ焼き

〈Model Dialog〉
A：What is（　ものの名前　）?
B：It's（　　説明　　）.
A：That's right. / That's not right.

〈Communication Strategies〉
間をつなぐ（えーと。あの〜。）Well …　Um …　Uh …　Hmm …　Let's see.
相手の言ったことを確かめる（シャドーイング）（例）What is *takoyaki*? → *Takoyaki*?
相手の言ったことにうなずく（ええ。うんうん。そのとおり。）Yes.　Uh-huh.　That's right.

Step6　グループごとに与えられたお題（something to 〜）から連想するものをなるべくたくさん考えて，連想ゲームの問題を作ろう！

Step7　ペアを作り（同じグループのメンバーは避ける），お互いにクイズを出し合おう！

　じゃんけんをして勝った方が，Step5の Model Dialog をもとにクイズを出す。負けた方が答える。１回で正解したら３点，２回目は２点，３回目は１点がもらえる。交互に質問を出し合うが，５つのお題のどれから質問してもよい。ペアを変えて，３回行おう。

Class____ No.____ Name_____

【連想ゲームカード】

〈連想ゲーム　お題①〉 something to give と言えば？
（例）

〈連想ゲーム　お題②〉 places to visit in our city と言えば？
（例） 

〈連想ゲーム　お題③〉 something to use in our classroom と言えば？
（例）

〈連想ゲーム　お題④〉 something to eat with your hand と言えば？
（例）

〈連想ゲーム　お題⑤〉 something to wear と言えば？
（例）

	名前 (　　　　　)	名前 (　　　　　)	名前 (　　　　　)
連想ゲーム①	点	点	点
連想ゲーム②	点	点	点
連想ゲーム③	点	点	点
連想ゲーム④	点	点	点
連想ゲーム⑤	点	点	点

Part2　フォーカス・オン・フォーム＆パフォーマンス・テストアイデア

Task13 Let's talk about your future dream!(Review)

不定詞の副詞・名詞・形容詞的用法① 将来の夢について話そう！

目　標	不定詞（３用法）を用いて，将来の夢について友達と話せるようになる。
時　間	50分×2
準備物	ワークシート，評価表１・２，タイマー

1. タスクの進め方

○Pre-task

1．Step1の例文を読んで，どこに不定詞が使われているのかを確認する。また，その使い方は３つの用法のどれであるかを確認する。

2．Step1のモデル文を参考に「自分の将来の夢」，「その理由１と２」，「夢の実現のために努力していること」を書かせる。語数も書かせる。

3．Step2のスピーチ例文を紹介して，Speaking test（発表）と Writing test を行うことを伝え，評価表の説明をする。

○Task

1．Step2のスピーチの例文を参考に，不定詞を使ってさらに文を書かせる。語数も書かせる。

2．教師は原稿をチェックする。

3．Step3として，４人グループを作り，練習をする。聞いている生徒は，発表者に質問をする。グループを変えて，２，３回練習をする。

2. ワンポイント・アドバイス

・実際の Speaking test は次時になるので，グループで発表の練習を十分やっておくことが必要である。

・Speaking test は他の生徒も聞ける場所で行い，他の生徒が友達の Speaking test を評価し，次回の Speaking test の時に「友達のよいところ」を取り入れられるように，発表形式を工夫するとよい。

・Speaking test が終わったら，自己評価をさせる。

（大須賀博美）

Class＿＿ No.＿＿ Name＿＿＿＿＿＿＿＿＿＿＿＿＿＿＿＿

Work Sheet

Let's talk about your future dream!
将来の夢について話そう！

Step1　次のモデル文を参考にして，あなたの将来の夢について次の表を完成しよう！

モデル文	将来の夢	I want to be a soccer player.	（7）
	理由1	I like to play soccer.	（5）
	理由2	I want to play soccer abroad.	（6）
	夢の実現のために努力していること	I run every day and study English really hard.	（9）
あなた	将来の夢		（　）
	理由1		（　）
	理由2		（　）
	夢の実現のために努力していること		（　）

Step2　Step1の表をもとに，与えられた文に続けて<u>4文以上</u>書き，例文のようにスピーチの原稿を作ろう。文の語数を書こう！

Ex）I'm going to talk about my dream.	（7）
I want to be a soccer player. I have two reasons.	（11）
First, I like to play soccer very much.	（8）
Second, I want to play soccer abroad.	（7）
Playing soccer is really interesting for me.	（7）
I have two important things to do to be a soccer player.	（12）
I run every day and study English really hard.	（9）
Thank you.	（2）

I'm going to talk about my dream.	（7）
	（　）
	（　）
	（　）
	（　）

Part2　フォーカス・オン・フォーム＆パフォーマンス・テストアイデア　69

Class____ No.____ Name_____

	（　　）
	（　　）
	Total （　　）

Step3　4人のグループを作り，発表の練習をしよう！

　1人ずつ発表が終わったら，発表者に質問しよう。自分が質問した文は，表に書いておこう。また，友達から質問された内容を原稿に追加した方がよいと思ったら，加筆しよう。

	聞きたいこと
例1	Who is your favorite soccer player?
例2	Which soccer team do you like?
例3	Why?
あなた	
あなた	

Step4　友達の「将来の夢」の発表を聞いて感想を書き，素晴らしい発表をした友達の名前に赤○をつけよう！

評価項目　　氏名	1	2	3
(1) 流暢さ	AA・A・B・C	AA・A・B・C	AA・A・B・C
(2) 内容（4文以上で説明）	A・B・C	A・B・C	A・B・C
(3) 不定詞の3つの用法	A・B・C	A・B・C	A・B・C
(4) 適度な声の大きさ	A・B・C	A・B・C	A・B・C
(5) アイコンタクト	A・B・C	A・B・C	A・B・C
(6) わかったことは？			
(7) 感想			

Class_____ No._____ Name_____

評価項目＼氏名	4	5	6
(1) 流暢さ	ＡＡ・Ａ・Ｂ・Ｃ	ＡＡ・Ａ・Ｂ・Ｃ	ＡＡ・Ａ・Ｂ・Ｃ
(2) 内容（4文以上で説明）	Ａ・Ｂ・Ｃ	Ａ・Ｂ・Ｃ	Ａ・Ｂ・Ｃ
(3) 不定詞の3つの用法	Ａ・Ｂ・Ｃ	Ａ・Ｂ・Ｃ	Ａ・Ｂ・Ｃ
(4) 適度な声の大きさ	Ａ・Ｂ・Ｃ	Ａ・Ｂ・Ｃ	Ａ・Ｂ・Ｃ
(5) アイコンタクト	Ａ・Ｂ・Ｃ	Ａ・Ｂ・Ｃ	Ａ・Ｂ・Ｃ
(6) わかったことは？			
(7) 感想			

【自己評価表：Speaking】

評価項目	自己評価	この活動の感想
(1) 流暢さ	ＡＡ・Ａ・Ｂ・Ｃ	
(2) 内容（4文以上で説明）	Ａ・Ｂ・Ｃ	
(3) 不定詞の3つの用法	Ａ・Ｂ・Ｃ	
(4) 適度な声の大きさ	Ａ・Ｂ・Ｃ	
(5) アイコンタクト	Ａ・Ｂ・Ｃ	
(6) このワークシートの役立ち度	Ａ・Ｂ・Ｃ	

【自己評価表：Writing】

評価項目	自己評価	この活動の感想
(1) 構成	Ａ・Ｂ・Ｃ	
(2) 内容	Ａ・Ｂ・Ｃ	
(3) 正確さ	Ａ・Ｂ・Ｃ	
(4) 語数	ＡＡ・Ａ・Ｂ・Ｃ	
(5) このワークシートの役立ち度	Ａ・Ｂ・Ｃ	

Class____ No.____ Name_____

【評価表1：Evaluation Form （Speaking test）】

観点	Criteria （評価基準）	得点
(1) 流暢さ	1分間，スムーズに話し続けることができた。	7
	1分間，おおむねスムーズに話し続けることができた。	5
	1分間，時々つかえたり沈黙があったが，最後まで話し続けることができた。	3
	1分間，話し続けることができなかった。	1
(2) 内容	不定詞（3用法）を2つ以上使って明確に話すことができた。	5
	不定詞（3用法）を2つ以上使っておおむね明確に話すことができた。	3
	不定詞（3用法）の使い方が正確でなく，内容が不明瞭であった。	1
(3) 正確さ	語彙の選択や文法に間違いがなかった。	5
	語彙の選択や文法事項にいくつか間違いがあったが，言いたいことは理解できた。	3
	語彙の選択や文法にたくさんの間違いがあった。	1
(4) 態度	・大きな声ではっきりと積極的に話そうとした。 ・アイコンタクトができ，積極的に相手の話を聞こうとした。	5
	・相手に聞こえる程度の声で話すことができた。 ・時々アイコンタクトを心がけ，相手の話を聞こうとした。	3
	・相手に聞こえにくい声で話した。 ・アイコンタクトがとれず，相手の話も積極的に聞くことができなかった。	1

／22

【評価表2：Evaluation Form （Writing test）】

観点	Criteria （評価基準）	得点
(1) 構成 （表現力）	Introduction, Body, Conclusion が明確でまとまり感があった。	5
	Introduction, Body, Conclusion が明確であったが，まとまり感がやや不足であった。	3
	Introduction, Body, Conclusion が不明確でまとまり感がなかった。	1
(2) 内容 （表現力）	不定詞（3用法）を2つ以上使って言いたいことを表現できていた。	5
	不定詞（3用法）を2つ以上使っておおむね言いたいことを表現できていた。	3
	不定詞（3用法）の使い方が正確でなく，内容が不明瞭であった。	1
(3) 正確さ （表現力）	既習語句や文法事項を正しく使って言いたいことがまとめられていた。	5
	既習語句や文法事項に少し間違いがあったが，言いたいことはまとめられていた。	3
	語彙の選択や文法にたくさんの間違いがあった。	1
(4) 語数 （関心・意欲・態度）	50語以上書けている。	7
	40語以上書けている。	5
	30語以上書けている。	3
	30語未満の語数である。	1

／22

Task14　My Dream（Review）

不定詞の副詞・名詞的用法　わたしの夢

目　標	将来の夢について話したり，書いたりすることができるようになる。
時　間	50分×2
準備物	ワークシート，将来の夢についての写真，Fun Essay シート，評価表 １・２，タイマー

1．タスクの進め方

○Pre-task

1．Step1として，ALT と教師の Model Dialog を聞かせ，内容に関する質問に答えさせる。
　ペアで答えを確認させてから，全体で確認する。

〈Model Dialog〉

A：Hi, ○○．

B：Hi, ○○．

A：What do you want to be?

B：I want to be a chef.

A：Why?

B：Because I like cooking.

A：What do you do to be a chef?

B：I watch many cooking programs on TV and cook for my family on Sunday.

A：That sounds nice.

　　Did you have the same dream seven years ago?

B：No, I didn't.

　　I wanted to be a soccer player then.

A：Which country do you want to work in?

B：I want to work in Japan.

A：Oh, I see.

　　Nice talking with you.

B：You, too.

2．Step2として，将来の夢について日本語でまとめさせる。

3．Step3として，質問に答える形で，将来の夢（Step2で書いたものの中から１つ選ぶ）に

Part2　フォーカス・オン・フォーム&パフォーマンス・テストアイデア　73

ついて書かせる。

4．ペアで将来の夢について話す Speaking test，Fun Essay を行い，評価することを告知
する。評価基準を示し，どのようなことができればよいかを生徒に伝える。

○Task

1．Speaking test の Model Dialog を教師とボランティアの生徒でやってみせる。

2．Step4として，Speaking test の練習を兼ねて，Speaking test の会話を練習させる。ワー
クシートを見ずに話せるようにするため，1回目はワークシートを見て，2回目はワー
クシートをなるべく見ずに，3回目以降はワークシートを見ずに話すように指示を出す。
会話が終わった後で，ワークシートにわかったことをメモさせる。

3．Step5として，Fun Essay の例を見せて，書き始めるように指示する。

2．ワンポイント・アドバイス

・Model Dialog は，ALT との会話をあらかじめ録画（または録音）しておくか，過年度の
Speaking test の様子を撮影したものを見せるとよい。

・Speaking test を待っている間は，自分自身の将来の夢についての Fun Essay（p.20）を
書かせるとよい。

（福元有希美）

Class＿＿ No.＿＿ Name＿＿＿＿＿＿＿＿＿＿＿＿＿＿

**Work
Sheet**

My Dream
わたしの夢

Step1　会話を聞いて，表にまとめよう！

①　将来の夢は？（なりたい職業）	
②　どうして？（何に興味があるか，その職業について何をしたいか）	
③　夢の実現のためにしていることは？	

Step2　小学生の時と今について，将来の夢とそう思った理由やきっかけをまとめよう！

	将来の夢 （あこがれの職業, 大人になったらやりたいこと）	理由やきっかけ
小学生 の時 （7年前）		
今		

Part2　フォーカス・オン・フォーム＆パフォーマンス・テストアイデア　75

Class＿＿＿ No.＿＿＿ Name＿＿＿＿＿＿＿＿＿＿＿＿＿＿＿

Step3　あなた自身について，質問に答えよう！

(1)　What do you want to be?

＿＿＿＿＿＿＿＿＿＿＿＿＿＿＿＿＿＿＿＿＿＿＿＿＿＿＿＿＿＿＿

(2)　Why?

　　〔I like ～. または，I am interested in ～. で答えよう〕

I＿＿＿＿＿＿＿＿＿＿＿＿＿＿＿＿＿＿＿＿＿＿＿＿＿＿＿＿＿＿

(3)　What do you do to be （　　　　　　　　　　　）?

　　〔なりたい職業を（　　）内に書こう〕

I＿＿＿＿＿＿＿＿＿＿＿＿＿＿＿＿＿＿＿＿＿＿＿＿＿＿＿＿＿＿

(4)　Did you have the same dream seven years ago?

　　〔No の場合は，７年前の夢について一言そえよう〕

＿＿＿＿＿＿＿＿＿＿＿＿＿＿＿＿＿＿＿＿＿＿＿＿＿＿＿＿＿＿＿

(5)　Which country do you want to work in?

I＿＿＿＿＿＿＿＿＿＿＿＿＿＿＿＿＿＿＿＿＿＿＿＿＿＿＿＿＿＿

Step4　Communication Strategies を使いながら，英語だけで会話しよう！

名前	わかったこと
さん	
さん	
さん	

〈Communication Strategies〉

間をつなぐ（えーと。あの～。）Well …　Um …　Uh …　Hmm …　Let's see.

相手の言ったことを確かめる（シャドーイング）（例）What do you want to be? → What?

相手の言ったことにうなずく（ええ。うんうん。そのとおり。）Yes.　Uh-huh.　That's right.

驚きを伝える（え，本当に？　わぁ，すごいね！）Oh, really?　Wow!

興味を示す（私も。面白いね。いいね。）Me, too!　That's interesting!　That's great!

Class____ No.____ Name_____

Step5 写真を貼って（または絵をかいて），将来の夢についてもっとくわしく書こう（50語以上）。

Fun Essay：My Dream

語数の合計を書こう

語

Part2　フォーカス・オン・フォーム＆パフォーマンス・テストアイデア　77

Class＿＿＿ No.＿＿＿ Name＿＿＿＿＿＿＿＿＿＿＿＿＿＿＿＿

【評価表1：Speaking test】

項目		評価基準	得点		
関心意欲態度	〈積極性〉笑顔・アイコンタクト [2点]	1．アイコンタクトをしながら自然な笑顔で英語を話すことができたか	A（2）両方ともできた	B（1）どちらかはできた	C（0）ひとつもできなかった／ワークシートを見た
	〈話し方〉声の大きさ [2点]	2．はっきりと聞こえる大きな声で話すことができたか	A（2）はっきり聞こえた	B（1）一応聞こえた	C（0）聞こえづらかった
表現	〈話し方〉発音 [2点]	3．英語らしい発音で話すことができたか	A（2）英語らしい発音でできた	B（1）カタカナ英語になる時があった	C（0）カタカナ英語が多かった
	〈CSの活用〉あいづち・シャドーイング [3点]	4．あいづちやシャドーイングを使って自然な会話にすることができたか	A（3）何度もあいづちやシャドーイングを使った	B（2）一度はあいづちやシャドーイングを使った	C（1）使えなかった／ワークシートを見た
	〈流暢さ〉 [3点]	5．ワークシートを見ずに，1分30秒間，スムーズに会話を続けることができたか	A（3）沈黙はほとんどなかった	B（2）時々沈黙があった	C（1）沈黙が多かった／ワークシートを見た
	〈言語材料の活用〉 [4点]	6．疑問文の意味を理解し，正確に答えることができたか	A（4）疑問詞の意味をすべて理解し，ほぼすべて正確に答えることができた	B（3）疑問詞の意味はすべて理解できていたが，正確に答えられない時があった	C（1）あまり正確に答えられなかった／ワークシートを見た
	〈言語材料の活用〉 [4点]	7．これまでに習った文法を正しく使って話すことができたか	A（4）だいたい正確な文法で話せた	B（3）時々間違えることはあったが，意味は十分に伝わった	C（1）間違いが多く，意味が伝わらないことも多かった／ワークシートを見た
		総合判定	A⁺/A/A⁻ すばらしかった	B⁺/B/B⁻ よくできた	C⁺/C/C⁻ 次はがんばろう

話し方・態度：　　　6点
CSの活用・流暢さ：　6点
言語材料の正確な活用：8点
　　　　　　　計20点

╱20

Class____ No.____ Name_____

【評価表2：Fun Essay】

Categories （項目）		Criteria （評価基準）	Points （得点）
関心 意欲 態度	ていねいさ 5点	イラストを書き（写真でもよい），色を使って美しく仕上げている。字は，ペンできれいに清書して，下書きもきちんと消してある。	A（5）
		イラストを書き（写真でもよい），色を塗っている。字は，鉛筆で読みやすく丁寧に書いている。	B（3）
		イラストや写真がない。イラストに色を塗っていない。字が乱雑で，読みにくい。	C（1）
表現	内容 ・ユニークさ ・文のまとまり 5点	モデル文を活用した英文以外にも，自分で考えたオリジナルの英文をたくさん入れて，とても個性的な内容になっている。文の流れもスムーズで，まとまりがある。	A（5）
		モデル文を活用して，個性的な自己表現ができている。ただし，自分で考えたオリジナルの英文が少なかったり，文の流れが悪くわかりにくかったりするところがある。	B（3）
		モデル文を写したようなものが多く，内容にあまり個性を感じられない。	C（1）
	言語材料の活用 ・活用する力 ・正確さ 5点	これまでに習ったいろいろな文法や表現を使っており，その使い方もほぼ正確で，十分に理解できる。	5
		モデル文で使われている文法や表現を正確に活用し，自分の言いたいことを表現している。	4
		モデル文をそのまま写している。モデル文を活用しているが，間違いがあり，意味の理解がむずかしい。	2
関心 意欲 態度	ボーナス点	（英作文の語数）÷20	

／15＋ボーナス点

Task15 What country do you want to go?(Review)
不定詞の副詞・名詞・形容詞的用法② 憧れの国へ行こう！

目　標	不定詞（３用法）を用い，夢の世界旅行について友達と話せるようになる。
時　間	50分×2
準備物	ワークシート，評価表，タイマー

1. タスクの進め方

○**Pre-task**

1．Step1の例文を読んで，どこに不定詞が使われているのかを確認する。また，その使い方は３つの用法のどれであるかを確認する。

2．Step1の例文を参考に自分が行きたい国，その国の特徴，そこでしたいことを例文のように書かせる。お助けBoxを参照させる。

3．Step2のModel Dialogを紹介して，Speaking test（発表）を行うことを伝え，評価基準の説明をする。

○**Task**

1．Step2のModel Dialogを再度紹介して，Filler（つなぎ語）とReaction（反応）に注目させる。

2．Speaking testの練習を兼ねて，数回ペアを変えて会話をさせる。ワークシートを見ずに会話できるようにするため，1回目はワークシートを見て，2回目はワークシートをなるべく見ずに，3回目以降はワークシートを見ずに会話するように指示を出す。聞いた内容についてはワークシートにメモさせる。

2. ワンポイント・アドバイス

・Speaking testの当日，くじ引きで会話の相手をランダムに選び，廊下や空き教室などに案内する。

・Speaking testが終わったら，自己評価をさせる。

（大須賀博美）

Class_____ No._____ Name_____

Work Sheet
What country do you want to go?
憧れの国へ行こう！

Step1　①　あなたはどこの国に行きたいですか？，②　また，その国はどんな国ですか？，
③　そこで何をしたいですか？，④　例文のように英文を作ってみよう。

	①　行きたい国	②　どんな国？	③　したいこと
例1	Canada	It has many beautiful places to see.	I want to ski in the Canadian Rockies.
例2	Italy	It has a lot of delicious food.	I want to eat pizza.
You			

④　〈例1〉 I want to go to Canada to ski in the Canadian Rockies.

　　〈例2〉 I want to go to Italy to eat pizza.

　　〈You〉_____

Step2　Model Dialog のように友達と会話をして，友達の「憧れの国」と「そこの国でやりたいと思っていること」を表にまとめよう。

〈Model Dialog〉

A：Hi, Hitomi.

B：Hi, Satoshi.

A：Where do you want to go?

B：★ Well, I want to go to Canada.
　　It has many beautiful places to see.

A：What do you want to do there?

B：★ Let's see, I want to ski in the Canadian Rockies.
　　Where do you want to go?

A：★ Well, I want to go to Italy to eat pizza. It has a lot of delicious food.

B：★★ Oh, I see.

A：Nice talking with you.

B：You, too.

★ Filler（つなぎ語）	★★ Reaction（反応）
Well, …	Really? / That sounds nice.
Let's see, …	Oh, I see.

Part2　フォーカス・オン・フォーム＆パフォーマンス・テストアイデア　81

Class____ No.____ Name_____

	1　あなた	2	3	4
①　行きたい国				
②　どんな国？				
③　したいこと				

〈お助け Box〉

行きたい国	そこでしたいこと
the United States the United Kingdom China / Canada / Brazil Egypt / France / Russia Spain / India / Italy Portugal / Australia / Germany Korea / Switzerland / Greece （　　　　　　　　　　）	to see koalas（castles / mountains / 　　　　elephants / the Rio Carnival / the Alps / 　　　　the Statue of Liberty / N Seoul Tower） to visit the Great Wall（Niagara Falls / 　　　　Louvre Museum / the British Museum / 　　　　Taj Mahal / the pyramids / the Rhine） to go to Disney World（Parthenon） to （　　　　　　　　　　　　　　）

【自己評価表】

評価項目	自己評価	この活動の感想
(1)　流暢さ	AA・A・B・C	
(2)　会話の内容（2文で説明）	A・B・C	
(3)　不定詞の3つの用法	A・B・C	
(4)　適度な声の大きさ	A・B・C	
(5)　アイコンタクト	A・B・C	
(6)　このワークシートの役立ち度	A・B・C	

Class＿＿＿ No.＿＿＿ Name＿＿＿＿＿＿＿＿＿＿＿＿＿

【評価表：Evaluation Form（Speaking test）】

観点	Criteria（評価基準）	得点
(1) 流暢さ	・1分30秒間，スムーズに話し続けることができた。 ・Communication Strategies を多く使うことができた。	7
	・1分30秒間，おおむねスムーズに話し続けることができた。 ・Communication Strategies を使うことができた。	5
	・1分30秒間，時々つかえたり沈黙があったが，最後まで話し続けることができた。 ・Communication Strategies をあまり使えなかった。	3
	・1分30秒間，話し続けることができなかった。 ・Communication Strategies を使うことができなかった。	1
(2) 内容	不定詞（3用法）を2つ以上使って明確に話すことができた。	5
	不定詞（3用法）を2つ以上使っておおむね明確に話すことができた。	3
	不定詞（3用法）の使い方が正確でなく，内容が不明瞭であった。	1
(3) 正確さ	語彙の選択や文法に間違いがなかった。	5
	語彙の選択や文法事項にいくつか間違いがあったが，言いたいことは理解できた。	3
	語彙の選択や文法にたくさんの間違いがあった。	1
(4) 態度	・大きな声ではっきりと積極的に話そうとした。 ・アイコンタクトができ，積極的に相手の話を聞こうとした。	5
	・相手に聞こえる程度の声で話すことができた。 ・時々アイコンタクトを心がけ，相手の話を聞こうとした。	3
	・相手に聞こえにくい声で話した。 ・アイコンタクトがとれず，相手の話も積極的に聞くことができなかった。	1

／22

Part2　フォーカス・オン・フォーム＆パフォーマンス・テストアイデア　83

Task16　I have to buy a present.
have to ～　Party をしよう！

目　標	タスクを通して，have to ～と don't have to ～が使えるようになる。
時　間	30分
準備物	ワークシート，絵カード（input 用），タスクカード

1．タスクの進め方

○Pre-task

1．Step1として，先生が絵カードを見せながら英文を読み，生徒に答えさせる。

> Look at this picture.　She is my friend, Hazuki.　Her birthday is July 29.
> I am going to hold her birthday party!　I bought a present for her.
> Now, I am going to make a birthday cake.　I have strawberries.　I have eggs.　Oh!　I don't have milk.　I cannot make a cake.　So, I have to buy milk.　I have to go to supermarket.　At the supermarket, I don't have to buy strawberries.　Also, I don't have to buy eggs.　But I have to buy milk.

2．Step2として，Step1の例文をもう一度聞かせて，聞こえた方に○をつけさせる。

3．Step3として，生徒に have to ～と don't have to ～の形式と意味に気づかせる。

○Task

1．Step4として，生徒にタスクカードを1枚ずつ渡す。

2．Model Dialog を参考に会話をして，自分と同じタスクの人を見つけさせる。

3．相手のタスクを聞く時は "Do you have to ～?"，持っているタスクを答える時は "I have to ～.", "I don't have to ～." を用いて答えさせる。

4．Step5として，パートナーとタスクの内容を書かせる。

2．ワンポイント・アドバイス

・have to ～の時の 'have' は，「持っている」を意味する 'have' と発音が違うので注意させる。

・タスクのカードは生徒の人数に合わせて，数や種類を増やすとよい。

（Yoshi ゼミ）

Class____ No.____ Name_____

Work Sheet

I have to buy a present.
Party をしよう！

Step1　聞き取れたことを書こう！

する必要があること	
する必要のないこと	

Step2　聞こえた方に○をつけよう！

(1) I (have / have to) buy milk.
(2) I have to (go / goes) to supermarket.
(3) I don't (have / have to) buy strawberries.
(4) I don't (have / have to) (buy / bought) eggs.

Step3　Grammar Point

◎ I <u>have to</u> buy milk.
　（意味：　　　　　　　　　　　　　　　）
◎ I <u>don't have to</u> buy strawberries.
　（意味：　　　　　　　　　　　　　　　）

★ have to ～とは（　　　　　　　　）という意味になる。
★ don't have to ～と否定形になると，（　　　　　　　　）という意味になる。
★ have to の後ろは（　　　　　　　）がくる。

Class____ No.____ Name_____

Step4 教育実習で来た先生への感謝の気持ちを伝えるために，パーティをしよう！

I give you a task. Please find your partners!

〈Model Dialog Pattern1：You are my partner!〉

A：Hello!

B：Hello!

A：I have to <u>buy a present</u>.

　　Do you have to <u>buy a present</u>?

B：Yes, I do.

　　I have to <u>buy a present</u>.

A：Nice!

　　Let's <u>buy a present</u> together!

B：Sure.

　　Let's go!

〈Model Dialog Pattern2：You are not my partner ....〉

A：Hello!

B：Hello!

A：I have to <u>buy a present</u>.

　　Do you have to <u>buy a present</u>?

B：No, I don't.

　　I don't have to <u>buy a present</u>.

　　I have to <u>make a cake</u>.

A：OK.

　　See you.

B：Good-bye.

Step5 使った表現を書いてみよう！

一緒に準備する人

_____　_____

やること

_____

86

【タスクカード】

Task17　　I was absent yesterday.
接続詞 because　どうして○○？

目　標	because の文を使って，理由とともに意見を言えるようになる。
時　間	25分
準備物	ワークシート，実物（すいか，カメラ，虫よけスプレー），読み札・絵カード

1. タスクの進め方

○Pre-task

1. Step1として，教師が実際に物を見せながら because を使った文で，どうしてその物を持っているのか説明をする。生徒に because の意味を推測させる。

> （例1）This is a watermelon. I like スイカ割り.
>
> 　　　　I have a watermelon because I want to do スイカ割り.
>
> （例2）This is a camera. It is mine.
>
> 　　　　I have a camera because I want to take pictures.
>
> （例3）This is a 虫よけスプレー. I don't like mosquitoes.
>
> 　　　　I have a 虫よけスプレー because I want to run away from mosquitoes.

2. Step2として，Step1で話した内容をもう一度聞かせて，聞こえた単語に○をつけさせる。

3. Step3として，because の形式と意味に気づかせる。

○Task

1. Step4として，4人グループを作る。（読み札，絵カードを各グループに配付する。）

2. じゃんけんをさせて，ゲームの読み手と取り手の順番を決めさせる。

3. 読み手が読んだ2つの文章を聞き，見て，その情報に一致した絵カードをとり，because を使って2つの文を1文にまとめて言う。

4. その後，絵カードを裏返して答えの確認をする。（答えの文は教師がカード裏に書いておく。）

5. 答えが読み札と合っていたら絵カードをもらえる。読み手は順番に交代する。

6. Step5として，生徒に4文を選ばせて書かせる。

2. ワンポイント・アドバイス

・わからない場合はカードを裏返して見てもよい。その後には必ず because を使って1文を1人で言えるようにさせる。

（Yoshi ゼミ）

Class＿＿ No.＿＿ Name＿＿＿＿＿＿＿＿＿＿＿＿

Work Sheet

I was absent yesterday.
どうして○○？

Step1 　先生の英語を聞いて表にまとめてみよう！

先生が見せてくれた もの は？	その もの で何がしたいの？

Step2 　もう一度，先生の英語を聞いて，聞こえた単語に○をつけよう！

⑴　This is a watermelon.

I have a watermelon （ if / when / because ） I want to do スイカ割り .

⑵　This is a camera.

I have a camera （ when / because / if ） I want to take pictures.

⑶　This is a 虫よけスプレー.

I have a 虫よけスプレー （ because / if / when ） I want to run away from mosquitoes.

※ mosquito：蚊

Part2　フォーカス・オン・フォーム＆パフォーマンス・テストアイデア　89

Class＿＿ No.＿＿ Name＿＿＿＿＿＿＿＿＿＿＿＿

Step3　Grammar Point

◎I have a watermelon because I want to do スイカ割り.

→・I have a watermelon.　　（意味：　　　　　　　　　　　　　　　　）

　・I want to do スイカ割り.　（意味：　　　　　　　　　　　　　　　　）

　Because はどんな意味になるだろう。（　　　　　　　　）

◎I have a watermelon because I want to do スイカ割り.

　（意味：　　　　　　　　　　　　　　　　　　　　　　　）

★ because はふたつの文をひとつの文に（　　　　　　　）働きをする。

Step4　マッチング・ゲーム！

〈Rule〉

① 読み手は読み札から1枚とる。

② AとBの2文を読む。

③ その文から連想される絵カードを選ぶ。

④ 絵カードを選んだ人は because を使ってAとBをつなげて読む。

　Ex）A　because　B.

⑤ 絵カードを裏向けてその文が正しければカードをもらえる!!

Step5　つなげた文を書いてみよう！

＿＿＿＿＿＿＿＿＿＿＿＿＿＿＿＿＿＿＿＿＿＿＿＿＿＿＿＿＿＿＿＿＿＿＿

＿＿＿＿＿＿＿＿＿＿＿＿＿＿＿＿＿＿＿＿＿＿＿＿＿＿＿＿＿＿＿＿＿＿＿

＿＿＿＿＿＿＿＿＿＿＿＿＿＿＿＿＿＿＿＿＿＿＿＿＿＿＿＿＿＿＿＿＿＿＿

＿＿＿＿＿＿＿＿＿＿＿＿＿＿＿＿＿＿＿＿＿＿＿＿＿＿＿＿＿＿＿＿＿＿＿

【読み札】	【絵カード】
A：He slept a lot yesterday. B：He was sick.	 …
A：My mother didn't cook dinner last night. B：She was sick.	✕ …
A：I was absent yesterday. B：I had fever.	
A：I went home late yesterday. B：The train stopped.	… ✕ 
A：I have an umbrella. B：It is rainy.	
A：I go to the library. B：I want to read books.	…
A：There was no game. B：It was rainy.	✕  … 
A：I can't buy many things. B：I don't have a lot of money.	✕ … ✕ 
A：I am happy. B：I got a lot of money.	…
A：I have a stomachache. B：I ate much ice cream.	

Task18

My Room
There is .... ① わたしの部屋

目標	There is .... 構文とその疑問文を使って，どこに人・ものがあるか説明することができるようになる。
時間	25分
準備物	ワークシート1・A・B，写真

1．タスクの進め方

○Pre-task

1．Step1として，教師が写真を使って，場所を指差しながら There is .... とその疑問文を導入する。

> T：Look at this picture． This is a teachers' room． This is my desk． There is a personal computer on the desk． Is there a green pencil case on the desk?
>
> S：Yes.
>
> T：Repeat after me． "Yes, there is".
>
> S：Yes, there is.
>
> T：Great． Is there a bag under the desk?
>
> S：No, there isn't.
>
> T：Are there pens on the desk?
>
> S：Yes, there are.
>
> T：That's right.

2．Step2として，Step1の例文をもう一度聞かせて，（　　）を埋めさせる。

3．Step3として，There is ....（疑問文）の意味と形式を生徒に気づかせる。

○Task

1．Step4として，お互いの絵を見せてはいけないことを伝えてから，列ごとに点線で切り離しておいたワークシートA（My Room）とワークシートB（My Room）を配付する。

2．生徒はワークシートAとワークシートBを見て，間違いを5つ見つける。間違いを見つけたらメモをとらせる。

3．教師は生徒全員が活動を終了したことを確認して，全体で答え合わせをする。

4．Step5として，メモした内容を文章にさせる。

2．ワンポイント・アドバイス

・Model Dialog を使って，英語使用を徹底させる。

（Yoshi ゼミ）

Class____ No.____ Name_____

Work Sheet1

My Room
わたしの部屋

Step1　先生の机の上には，何がある？

	何？	ある／ない
(1)		
(2)		
(3)		
(4)		

Step2　もう一度，先生の話を聞いて，（　）をうめよう！

(1)　There （　　　） a personal computer on the desk.

(2)　Is there a green pencil case on the desk?　Yes, （　　　） （　　　）.

(3)　（　　　） （　　　） a bag under the desk?　No, there isn't.

(4)　Are there pens on the desk?　Yes, （　　　） （　　　）.

Part2　フォーカス・オン・フォーム＆パフォーマンス・テストアイデア　93

Class____ No.____ Name_____

Step3　Grammar Point

◎ There is a personal computer on the desk. →疑問文：

　（意味：　　　　　　　　　　　　　　　　　　　）

◎ There are pens on the desk. →疑問文：

　（意味：　　　　　　　　　　　　　　　　　　　）

★ There is ～ / There are ～の意味は（～　　　　　　）という意味になる。

　～の部分が単数であれば（　　　　　　　），複数形であれば（　　　　　　　）を用いる。

　また，疑問文を作る時は be 動詞を前に出して Is there ～ / Are there ～の形になる。

★次の前置詞の意味を調べよう！

on（　　　　　　）　by（　　　　　　）　under（　　　　　　）　near（　　　　　　）

Step4　Model Dialog を参考に，間違いを５つ探そう！（語群の単語を使ってもよい。）

〈Model Dialog〉

A：Is there a clock on the desk?

B：Yes, there is. / No, there isn't.　There is a ... in my room.

A：Are there books in the bookshelf?

B：Yes, there are. / No, there aren't.　There are ... in my room.

〈語群〉

pencil case,　bookshelf,　vase,　computer,　electronic dictionary,　picture,

i-pad,　CD player,　calendar

Step5　５つの間違いを文章にしよう！

Ex）　There isn't a pencil case on the desk.

(1)

_____

(2)

_____

(3)

_____

(4)

_____

(5)

_____

Class___ No.___ Name_____

Work SheetA

My Room
わたしの部屋

Class___ No.___ Name_____

Work SheetB

My Room
わたしの部屋

Task19　　My Ideal Room（Review）
There is ....②　理想の部屋

目　標	理想の部屋について会話ができるようになる。
時　間	50分×2
準備物	ワークシート，評価表，タイマー

1．タスクの進め方

○Pre-task

1．教師は生徒に2人1組の Speaking test を行うことを連絡をする。

　　Speaking test については，当日までだれと当たるかはわからないことを伝える。

　　また，Speaking test の評価基準を伝える。

2．ワークシートの Step1の質問に対する各自の答えを記入させる。

3．Step1の質問の他に，このテーマについて会話の相手に尋ねられそうな質問を考えさせ，ワークシートの Plus1 Question の欄に記入させる。

○Task

1．教師はワークシートの Step2の会話の流れを説明する。

2．Step2の会話を教師の後についてリピートさせ，発音練習をさせる。

3．「言葉が出てこない時は…」，「相手の言う英語がわからない時は…」，「聞き取れない時は…」の表現の使い方と発音練習をさせる。

4．ペアを作り，時間を計りながら，会話の練習をさせる。ペアを変えて数回行う。

5．会話練習の後，先ほど行った会話に適した Plus1 Question を考えてワークシートに記入させる。

2．ワンポイント・アドバイス

・生徒が Plus1 Question を自ら考えつかないようであれば，教科書の参考になるページを伝えたり，既習の疑問詞を思い出させるようにする。

・Speaking test 本番のペアを決めるくじは，Speaking test の前日までに引かせる方が Speaking test がスムーズに進められるが，会話の相手は生徒には Speaking test の直前までは知らせない。

（森岡健美）

Class____ No.____ Name_____

Work Sheet

My Ideal Room
理想の部屋

Step1　Prepare to talk with your classmates.

(1)　What is（there）in your ideal room?

　　（あなたの理想の部屋には何がありますか？）

_____

(2)　Why do you want（　　　　　　）in your room?

　　（どうして部屋に～がほしいのですか？）

_____

(3)　Is / Are there（　　　　　　）in the room?

　　（その部屋には～はありますか？）

_____

Plus1　Question　※Is there ...? / Are there ...? 以外の質問をすること。

_____

_____

_____

_____

_____

_____

_____

Part2　フォーカス・オン・フォーム&パフォーマンス・テストアイデア　97

Class_____ No._____ Name_____

Step2   Talk with your classmates.

A : Hi. How are you doing?

B : Fine, thanks. And you?   会話を始める時のあいさつ

A : Great.

   So, what is (there) in your ideal room?

B : There is / are … in my ideal room.

A : There is / are … in your ideal room.   相手の言ったこと
を確認する

   That's nice. / Wonderful. / Sounds great.

   Why do you want … in your room?

B : Because ….

A : I see. / That's nice. / Really?

   Is [Are] there …?

B : Yes, there is [are]. / No, there isn't [aren't].

A : I see. / That's nice. / Really?

言葉が出てこない時は…
Well, … / Uh …
Let's see. / Let me see.

Plus1   Question

B : ….

A : I see.

B : How about you? What is (there) in your ideal room?

A : There is / are … in my ideal room.

B : That's nice. / Wonderful. / Sounds great.

   There is / are … in your ideal room. Why do you want … in your room?

A : Because ….

B : I see. / That's nice. / Really?

   Is [Are] there …?

A : Yes, there is [are]. / No, there isn't [aren't].

B : I see. / That's nice. / Really?

相手の言う英語が
わからない時は…
What does "…" mean?
---It means ….
What's "…" in Japanese?
---It's ….

Plus1   Question

A : ….

B : I see.

    ⋮ （タイマーが鳴るまで会話を続ける。）

   Well, nice talking with you.   会話を終える時のあいさつ

A : You, too.

聞き取れない時は…
Pardon? / Excuse me?
Sorry? / Once more, please.
Could you say that again?
Could you speak more slowly?

98

Class＿＿ No.＿＿ Name＿＿＿＿＿＿＿＿＿＿＿＿＿

【評価表：Evaluation Form（Speaking test）】

(1) 流暢さ

Criteria（評価基準）	得点
・2分間，スムーズに英語で会話を続けることができた。 ・会話を始める時，終える時のあいさつができた。 ・あいづちをうったり，関心を表したりすることを会話の中で数回行い，しかもそれが自然にできた。	7
・途切れながらも2分間，英語で会話を続けることができた。 ・会話を始める時，終える時のあいさつができた。 ・あいづちをうったり，関心を表したりすることができた。	5
・会話が2分間もたなかった。 ・会話を始める時，終える時のあいさつができた。 ・あいづちをうったり，関心を表したりすることがほとんどできなかった。	3
・長く沈黙することがあった。あるいは途中で日本語になってしまった。 ・会話を始める時，終える時のあいさつ，あいづち，関心を表したりすることができなかった。	1

(2) 正確さ

Criteria（評価基準）	得点
最初の3つの質問，Plus1 Question とその答えをほとんど言い直すことなく正しく言うことができた。	10
最初の3つの質問，Plus1 Question とその答えを何度か言い直すことはあったが，ほぼ正しく言うことができた。	8
最初の3つの質問，Plus1 Question とその答えを何度か言い直すことがあり，間違いもいくつかあった。	6
最初の3つの質問，Plus1 Question とその答えのうち半分以上は正しく言うことができた。	4
文法の間違いは多くあったが，何とか意味を通じさせることができた。	2
文法がほとんど正しく使えておらず，発話もほとんど受け答えのみだった。	1

(3) 声の大きさ，アイコンタクト

Criteria（評価基準）	得点
・相手に十分聞こえる大きな声ではっきりと話すことができた。 ・アイコンタクトをして相手が理解しているかどうか確認しようとしていた。	5
声の大きさかアイコンタクトのどちらかはよかったが，もう1つが不十分だった。	3
声の大きさとアイコンタクトの両方とも不十分だった。	1

／22

Part2 フォーカス・オン・フォーム&パフォーマンス・テストアイデア 99

Task20　Singing songs is his job.
動名詞①　有名人クイズ

目　標	動名詞を用いて，文が作られるようになる。
時　間	25分
準備物	ワークシート，シルエットの写真

1. タスクの進め方

○Pre-task

1. Step1として，教師がシルエットの写真を見せながら，動名詞を使った文を導入し，生徒にだれのことを説明しているか推測させる。

> （例1）T：This is a famous man. Playing baseball is his job. He is a pitcher and batter. He is going to play in USA. Who is he?
>
> 　　　　S：Is he Shohei Otani.　　T：Great.
>
> （例2）T：She is a famous woman. Skating is her job. She won a silver medal in the Vancouver Olympic games. Who is she?
>
> 　　　　S：Is she Mao Asada?　　T：Yes, that's right.
>
> （例3）T：This is a famous man. Doing gymnastics is his job. He won a gold medal three times in the Olympic games. Who is he?
>
> 　　　　S：Is he Kohei Uchimura?　　T：Yes, that's right.

2. Step2として，Step1の例文をもう一度聞かせて，（　　）を埋めさせる。

3. Step3として，動名詞の意味と形式を生徒に気づかせる。

○Task

1. Step4として，例を参照して英文を書かせる。

2. ペアでじゃんけんをさせ，勝った方からクイズを出させる。

3. ペアを変えて，5回くり返させる。

4. いくつ正解できたのか，生徒に聞く。

5. 一番面白かったシルエットを全体に聞いて，いくつか生徒に紹介させる。

6. Step5として，例にならって3名の有名人について英文を書かせる。

2. ワンポイント・アドバイス

・説明を聞いて何のシルエットか当てさせることが重要なので，生徒にはなるべく見ただけではわかりにくいシルエットを作ってくるよう事前に伝えておく。

（Yoshiゼミ）

100

Class＿＿＿ No.＿＿＿ Name＿＿＿＿＿＿＿＿＿＿＿＿＿＿＿＿＿

Work Sheet

Singing songs is his job.
有名人クイズ

Step1　有名人を当てよう！

	どんな仕事？	だれ？
(1)		
(2)		
(3)		

Step2　もう一度，先生の話を聞いて，（　　）をうめよう！

(1)　This is Shohei Otani.（　　　　　　　）baseball is his job.

(2)　This is Mao Asada.（　　　　　　　）is her job.

(3)　This is Kohei Uchimura.（　　　　　　　）gymnastics is his job.

Step3　Grammar Point

◎ Playing baseball is his job.（意味：　　　　　　　　　　　　　　　）

★動詞の原形に（　　　　　　　）をつけて動名詞にすると，（　　　　　　　）という意味に

なる。

★次の動詞を動名詞の形にしよう。

go →　　　　　　　　　　run →　　　　　　　　　　study →

see →　　　　　　　　　　take →

Step4　Silhouette Quiz　～シルエットクイズ～

(1)　友達に紹介したい有名人のシルエットを作ろう。　　　(宿題)

Part2　フォーカス・オン・フォーム＆パフォーマンス・テストアイデア　101

Class＿＿ No.＿＿ Name＿＿＿＿＿＿＿＿＿＿＿

(2) シルエットを説明するための文章を考えよう。

ただし，① 動名詞を含む文を必ず入れよう。② 4文以上，説明文を作ろう。

Ex) I like this man. He is very cool, and now he lives in England.

Playing soccer is his job. He belongs to Leicester City. Who is he?

_____

_____

_____

_____

(3) 友達とシルエットを見せ合って，(2)の文を用いてクイズを出し合い，だれなのか当てよう。

	出題者	答え	○／×
(1)			
(2)			
(3)			
(4)			
(5)			

Step5　例にならって，3名の有名人について英文を書こう！

Ex) This is Shohei Otani. Playing baseball is his job.

(1)

_____

(2)

_____

(3)

_____

Task21 Let's talk about our favorite place! (Review)

There is .... ③，動名詞②　観光名所を紹介しよう！

目　標	There is .... 構文と動名詞を用いた文を使って，自分の伝えたい情報をわかりやすく表現できるようになる。
時　間	50分×2
準備物	ワークシート，Fun Essay シート，評価表１・２，タイマー

1．タスクの進め方

○Pre-task

1．教師は生徒に２人１組の Speaking test を行うことおよび Fun Essay の連絡をする。Speaking test については，当日までだれと当たるかはわからないことを伝える。また，Speaking test と Fun Essay の評価基準を伝える。

2．Step1として，教師の出身地の観光名所を紹介したビデオを見せ，表を完成させる。

3．Step2として，もう一度ビデオを見せて，答えを確認する。

4．Step3として，自分の好きな観光名所について日本語で考えさせる。

5．Step4として，日本語を基に英語で答えさせる。

○Task

1．Step5として，ペアを変えて５回練習する。１回ごとにペアで会話が終わったら，内容について表に記入させる。３回目からは，Model Dialog を見ないで会話をさせる。

2．ワンポイント・アドバイス

・自分が紹介したい場所を事前に調べておくよう指示を出しておく。また，Model Dialog を参照させて，あいづちの表現を導入して，生徒に使わせるとよい。

・Speaking test を待っている間は，自分の好きな観光名所についての Fun Essay（p.20）を書かせるとよい。

（Yoshi ゼミ）

Class____ No.____ Name_____

Work Sheet

Let's talk about our favorite place!
観光名所を紹介しよう！

Step1 先生たちのビデオを見て，下の表にまとめよう！

Question	Yoichi	Shunsuke
Interesting place		
What we can enjoy there		
Any souvenirs		

Step2 もう一度，先生たちのビデオを見て，答えを確認しよう！

〈Model Dialog〉

T 1：Hello, Yoichi. How are you?

T 2：Hello, Shunsuke. I am fine, thank you, and you?

T 1：Excellent. So, by the way, today's topic is the place for sightseeing.

T 2：I see. Where is the interesting place for you?

T 1：Shirakawagou is the interesting place in Gifu. It is beautiful when it snows.

T 2：Great. I want to go there. What can we enjoy there?

T 1：We can enjoy taking a hot spring bath there.

T 2：Great. Are there any famous souvenirs in Gifu?

T 1：Yes, of course. Sarubobo is very famous. I have a golden Sarubobo.

T 2：Cute.

T 1：How about you? Where is the interesting place for you?

T 2：Nagoya castle is the interesting place because we can see Kinshachi on the roof of the castle.

T 1：Sounds fun. What can we enjoy there?

T 2：We can enjoy watching Sengoku-Busyoutai.

T 1：Fantastic. Are there any souvenirs in Nagoya?

T 2：Yes, Nagoyan is delicious, and I like it. I think that it is a souvenir in Nagoya.

T 1：Good. Nice talking with you.

T 2：Nice talking with you, too.

Step3 次の質問に日本語で答えよう！

(1) あなたが大好きな観光名所はどこですか？ また，そこで何を楽しむことができる？
（具体的に３つ以上書こう。）

Class____ No.____ Name_____

① _____

② _____

③ _____

(2) そこのお土産は何ですか？　また，それはどのようなもの？

_____

_____

Step4　Step2の質問に対する答えを参考にして，英語で答えよう！

(1)　Where is the interesting place for you?　What can you enjoy there?

① _____

② _____

③ _____

(2)　Are there any famous souvenirs there?　What is this?

_____

_____

Step5　先生たちの Model Dialog を参考にして友達にインタビューしよう。聞き取った情報は下の表に書き入れよう！

Name	Where they born	Interesting place	What we can enjoy there	Any souvenirs

Part2　フォーカス・オン・フォーム＆パフォーマンス・テストアイデア　105

Class____ No.____ Name_____

【評価表1：Speaking test】

Categories （項目）	Criteria （評価基準）	Points （得点）
流暢さ	2分間，スムーズに会話でき，Communication Strategies（あいさつ，あいづち，会話の終わり）もたくさん使えた。	7
	途切れながらも，2分間会話を続けられ，時々Communication Strategies を使えた。	5
	2分間，会話を続けられなかったが，少し Communication Strategies を使えた。	3
7点	2分間，会話を続けられなかった。	1
表現	文法項目を正しく使えた。	3
	誤りがあったが，内容を理解することができた。	2
3点	正しく使えていなかった。	1
態度	声が十分に大きくはっきり聞き取れ，アイコンタクトを積極的に行っていた。	5
	声の大きさ，アイコンタクトのどちらかが不十分だった。	3
5点	声の大きさ，アイコンタクトどちらもが不十分だった。	1

／15

【評価表2：Fun Essay】

Categories （項目）	Criteria （評価基準）	Points （得点）
関心・意欲・態度	観光名所の内容についてよくわかるよう，工夫した Fun Essay を作ることができた。	7
	絵や写真，色ペンなどを用いて Fun Essay を作ることができた。	5
	あまりよい Fun Essay を作ることができなかった。	3
7点	Fun Essay を作っていない。	0
表現	文法がすべて正しく使えている。	3
	文法がおおよそ正しく使えている。	2
3点	文法がほとんど正しく使えていない。	1
関心・意欲・態度	15文以上書けている。	5
	10〜14文書けている。	4
	8，9文書けている。	3
	6，7文書けている。	2
5点	5文以下しか書けていない。	1

／15

Task22	My Favorite Thing（Review）

動名詞③　わたしの好きなこと・もの

目　標	自分の好きなこと・ものについて，動名詞を使って会話ができるようになる。
時　間	50分×2
準備物	ワークシート，評価表，タイマー

1．タスクの進め方

○Pre-task

1．教師は生徒に2人1組のSpeaking testを行うことを連絡をする。

Speaking testについては，当日までにだれと当たるかはわからないことを伝える。

また，Speaking testの評価基準を伝える。

2．ワークシートのStep1の質問に対する各自の答えを記入させる。

3．Step1の質問の他に，このテーマについて会話の相手に尋ねられそうな質問を考えさせ，ワークシートのPlus1 Questionの欄に記入させる。

○Task

1．教師はワークシートのStep2の会話の流れを説明する。

2．Step2の会話を教師の後についてリピートさせ，発音練習をさせる。

3．「言葉が出てこない時は…」，「相手の言う英語がわからない時は…」，「聞き取れない時は…」の表現の使い方と発音練習をさせる。

4．ペアを作り，時間を計りながら，会話の練習をさせる。ペアを変えて数回行う。

5．会話練習の後，先ほど行った会話に適したPlus1 Questionを考えてワークシートに記入させる。

2．ワンポイント・アドバイス

・生徒がPlus1 Questionを自ら考えつかないようであれば，教科書の参考になるページを伝えたり，既習の疑問詞を思い出させるようにする。

・Speaking test本番のペアを決めるくじは，Speaking testの前日までに引かせる方がSpeaking testがスムーズに進められるが，会話の相手は生徒にはSpeaking testの直前までは知らせない。

（森岡健美）

Class____ No.____ Name_____

Work Sheet

My Favorite Thing
わたしの好きなこと・もの

Step1　Prepare to talk with your classmates.

(1)　What is your favorite thing?

_____

(2)　What kind of ... do you like? / Who [What] is your favorite ...?

_____

(3)　How often do you ...? / Which do you like better, ... or ...?

_____

Plus1　Question

_____

_____

_____

_____

_____

_____

108

Class____ No.____ Name_____

Step2　Talk with your classmates.

A：Hi. How are you doing?

B：Fine, thanks. And you?　　　｝ 会話を始める時のあいさつ

A：Great.

　　So, what is your favorite thing?

B：I like …. / My favorite thing is ….

A：Oh, you like …. / your favorite thing is ….

> 相手の言ったこと
> を確認する

　　That's nice. / Wonderful. / Sounds great.

　　（Question 2 ）

B：….

A：I see. / That's nice. / Really?

　　（Question 3 ）

> 言葉が出てこない時は…
> Well, … / Uh …
> Let's see. / Let me see.

B：….

A：I see. / That's nice. / Really?

Plus1　Question

B：….

A：I see. / That's nice. / Really?

B：How about you? What is your favorite thing?

A：I like …. / My favorite thing is ….

B：Oh, you like …. / your favorite thing is ….

> 相手の言う英語が
> わからない時は…
> What does "…" mean?
> ---It means ….
> What's "…" in Japanese?
> ---It's ….

　　That's nice. / Wonderful. / Sounds great.

　　（Question 2 ）

A：….

B：I see. / That's nice. / Really?

　　（Question 3 ）

A：….

B：I see. / That's nice. / Really?

Plus1　Question

A：….

B：I see. / That's nice. / Really?

> 聞き取れない時は…
> Pardon? / Excuse me?
> Sorry? / Once more, please.
> Could you say that again?
> Could you speak more slowly?

　　：（タイマーが鳴るまで会話を続ける。）

　　Well, nice talking with you.　　｝ 会話を終える時のあいさつ

A：You, too.

Part2　フォーカス・オン・フォーム&パフォーマンス・テストアイデア　109

Class____ No.____ Name_____

【評価表：Evaluation Form（Speaking test）】

(1) 流暢さ

Criteria（評価基準）	得点
・2分間，スムーズに英語で会話を続けることができた。 ・会話を始める時，終える時のあいさつができた。 ・あいづちをうったり，関心を表したりすることを会話の中で数回行い，しかもそれが自然にできた。	7
・途切れながらも2分間，英語で会話を続けることができた。 ・会話を始める時，終える時のあいさつができた。 ・あいづちをうったり，関心を表したりすることができた。	5
・会話が2分間もたなかった。 ・会話を始める時，終える時のあいさつができた。 ・あいづちをうったり，関心を表したりすることがほとんどできなかった。	3
・長く沈黙することがあった。あるいは途中で日本語になってしまった。 ・会話を始める時，終える時のあいさつ，あいづち，関心を表したりすることができなかった。	1

(2) 正確さ

Criteria（評価基準）	得点
最初の3つの質問，Plus1 Question とその答えをほとんど言い直すことなく正しく言うことができた。	10
最初の3つの質問，Plus1 Question とその答えを何度か言い直すことはあったが，ほぼ正しく言うことができた。	8
最初の3つの質問，Plus1 Question とその答えを何度か言い直すことがあり，間違いもいくつかあった。	6
最初の3つの質問，Plus1 Question とその答えのうち半分以上は正しく言うことができた。	4
文法の間違いは多くあったが，何とか意味を通じさせることができた。	2
文法がほとんど正しく使えておらず，発話もほとんど受け答えのみだった。	1

(3) 声の大きさ，アイコンタクト

Criteria（評価基準）	得点
・相手に十分聞こえる大きな声ではっきりと話すことができた。 ・アイコンタクトをして相手が理解しているかどうか確認しようとしていた。	5
声の大きさかアイコンタクトのどちらかはよかったが，もう1つが不十分だった。	3
声の大きさとアイコンタクトの両方とも不十分だった。	1

／22

Task23　My Favorite Town（Review）
There is / are ....　わたしが好きな町

目　標	自分が住んでいる町や好きな町について話したり，書いたりすることができるようになる。
時　間	50分×2
準備物	ワークシート，好きな町の写真，評価表１・２，タイマー

1．タスクの進め方

○Pre-task

1．Step1として，ALT と教師の Model Dialog を聞かせ，内容に関する質問に答えさせる。ペアで答えを確認させてから，全体で確認する。

〈Model Dialog〉

A：Hi, ○○.

B：Hi, ○○.

A：What is your favorite town?

B：It's Nagoya.

A：Where is the town?

B：It's between Osaka and Tokyo.

　　It's in the middle of Japan.

A：Why do you like the town?

B：Because I live there and their local food is delicious.

A：What is the town famous for?

B：It's famous for Nagoya Castle, *misokatsu*, *kishimen*, *tebasaki*, and *hitsumabushi*.

A：Are there any other interesting places?

B：Yes.　There are Nagoya Port Aquarium, and SCMAGLEV and Railway Park.

A：What can you do there?

B：I can enjoy shopping and eat delicious local food.

2．Step2として，自分が住んでいる町やよく行く町，行ってみたい町などの好きな町（市町村）について日本語で表にまとめさせる。

3．Step3として，質問に答える形で，好きな町について書かせる。

4．ペアで好きな町について話す Speaking test, Fun Essay を行い，評価することを告知

Part2　フォーカス・オン・フォーム&パフォーマンス・テストアイデア　111

する。評価基準を示し，どのようなことができればよいかを生徒に伝える。

○Task

1．Speaking test の Model Dialog を教師とボランティアの生徒でやってみせる。

2．Step4として，Speaking test の練習を兼ねて，Speaking test の会話を練習させる。ワークシートを見ずに話せるようにするため，1回目はワークシートを見て，2回目はワークシートをなるべく見ずに，3回目以降はワークシートを見ずに話すように指示を出す。会話が終わった後で，ワークシートにわかったことをメモさせる。

3．Step5として，Fun Essay の例を見せて，書き始めるように指示する。

2．ワンポイント・アドバイス

・Model Dialog は，ALT との会話をあらかじめ録画（または録音）しておくか，ボランティアの生徒に協力してもらうとよい。

・Speaking test を待っている間は，自分が好きな町についての Fun Essay（p.20）を書かせるとよい。

（福元有希美）

Class____ No.____ Name_____

Work Sheet

My Favorite Town
わたしが好きな町

Step1　先生たちの会話を聞いて，表にまとめよう！

①　好きな町はどこ？ （どうしてこの町を選んだ？）	
②　どこにある？ （地理的な位置）	
③　特色は？ （有名なもの，観光地）	

Step2　自分が住んでいる町やよく行く町，行ってみたい町などの好きな町（市町村）についてまとめよう！

	好きな町1	好きな町2
①　好きな町はどこ？ （どうしてこの町を選んだ？）		
②　どこにある？ （地理的な位置）		
③　特色は？ （有名なもの，観光地，そこでできること）		

Part2　フォーカス・オン・フォーム&パフォーマンス・テストアイデア　113

Class____ No.____ Name_____

Step3 あなたの好きな町について，質問に答えよう！

(1) What is your favorite town?

_____

(2) Why do you like the town?

I_____

(3) Where is the town?

_____

(4) What is the town famous for?

_____

(5) Are there any other interesting places?

_____

(6) What can you do there?

I_____

Step4 Communication Strategies を使いながら，英語だけで会話しよう！

名前	わかったこと
さん	
さん	
さん	

〈Communication Strategies〉

間をつなぐ（えーと。あの〜。）Well … Um … Uh … Hmm … Let's see.

相手の言ったことを確かめる（シャドーイング）(例)My favorite town is Nagoya. → Nagoya?

相手の言ったことにうなずく（ええ。うんうん。そのとおり。）Yes. Uh-huh. That's right.

驚きを伝える（え，本当に？ わぁ，すごいね！）Oh, really? Wow!

興味を示す（私も。面白いね。いいね。）Me, too! That's interesting! That's great!

114

Class＿＿＿ No.＿＿＿ Name＿＿＿＿＿＿＿＿＿＿＿＿＿＿＿

Step5 写真を貼って（または絵をかいて），あなたの好きな町についてもっとくわしく書
こう（50語以上）。

Fun Essay：My Favorite Town

語数の合計を書こう

語

Part2　フォーカス・オン・フォーム＆パフォーマンス・テストアイデア　115

Class＿＿＿ No.＿＿＿ Name＿＿＿＿＿＿＿＿＿＿＿＿＿＿＿

【評価表1：Speaking test】

	項目	評価基準	得点		
関心意欲態度	〈積極性〉笑顔・アイコンタクト [2点]	1．アイコンタクトをしながら自然な笑顔で英語を話すことができたか	A（2）両方ともできた	B（1）どちらかはできた	C（0）ひとつもできなかった／ワークシートを見た
	〈話し方〉声の大きさ [2点]	2．はっきりと聞こえる大きな声で話すことができたか	A（2）はっきり聞こえた	B（1）一応聞こえた	C（0）聞こえづらかった
表現	〈話し方〉発音 [2点]	3．英語らしい発音で話すことができたか	A（2）英語らしい発音でできた	B（1）カタカナ英語になる時があった	C（0）カタカナ英語が多かった
	〈CSの活用〉あいづち・シャドーイング [3点]	4．あいづちやシャドーイングを使って自然な会話にすることができたか	A（3）何度もあいづちやシャドーイングを使った	B（2）一度はあいづちやシャドーイングを使った	C（1）使えなかった／ワークシートを見た
	〈流暢さ〉 [3点]	5．ワークシートを見ずに，1分30秒間，スムーズに会話を続けることができたか	A（3）沈黙はほとんどなかった	B（2）時々沈黙があった	C（1）沈黙が多かった／ワークシートを見た
	〈言語材料の活用〉 [4点]	6．疑問文の意味を理解し，正確に答えることができたか	A（4）疑問詞の意味をすべて理解し，ほぼすべて正確に答えることができた	B（3）疑問詞の意味はすべて理解できていたが，正確に答えられない時があった	C（1）あまり正確に答えられなかった／ワークシートを見た
	〈言語材料の活用〉 [4点]	7．これまでに習った文法を正しく使って話すことができたか	A（4）だいたい正確な文法で話せた	B（3）時々間違えることはあったが，意味は十分に伝わった	C（1）間違いが多く，意味が伝わらないことも多かった／ワークシートを見た
		総合判定	A⁺/A/A⁻ すばらしかった	B⁺/B/B⁻ よくできた	C⁺/C/C⁻ 次はがんばろう

話し方・態度： 6点

CSの活用・流暢さ： 6点

言語材料の正確な活用：8点

計20点

／20

Class＿＿ No.＿＿ Name＿＿＿＿＿＿＿＿＿＿＿＿

【評価表2：Fun Essay】

Categories（項目）		Criteria（評価基準）	Points（得点）
関心意欲態度	ていねいさ　5点	イラストを書き（写真でもよい），色を使って美しく仕上げている。字は，ペンできれいに清書して，下書きもきちんと消してある。	A（5）
		イラストを書いて（写真でもよい），色を塗っている。字は，鉛筆で読みやすくていねいに書いている。	B（3）
		イラストや写真がない。イラストに色を塗っていない。字が乱雑で，読みにくい。	C（1）
表現	内容・ユニークさ・文のまとまり　5点	モデル文を活用した英文以外にも，自分で考えたオリジナルの英文をたくさん入れて，とても個性的な内容になっている。文の流れもスムーズで，まとまりがある。	A（5）
		モデル文を活用して，個性的な自己表現ができている。ただし，自分で考えたオリジナルの英文が少なかったり，文の流れが悪くわかりにくかったりするところがある。	B（3）
		モデル文を写したようなものが多く，内容にあまり個性を感じられない。	C（1）
	言語材料の活用・活用する力・正確さ　5点	これまでに習ったいろいろな文法や表現を使っており，その使い方もほぼ正確で，十分に理解できる。	5
		モデル文で使われている文法や表現を正確に活用し，自分の言いたいことを表現している。	4
		モデル文をそのまま写している。モデル文を活用しているが，間違いがあり，意味の理解がむずかしい。	2
関心意欲態度	ボーナス点	（英作文の語数）÷20	

／15＋ボーナス点

Part2　フォーカス・オン・フォーム＆パフォーマンス・テストアイデア　117

Task24 Which do you like better, summer or winter?
比較・比較級① どちらの方が好き？

目　標	タスクを通して，better が使えるようになる。
時　間	20分
準備物	ワークシート，パペット，タイマー

1. タスクの進め方

○Pre-task

1. Step1として，教師はパペットを用いて better を使った表現の会話のやり取りを見せる。その後，数名の生徒にも同じ質問をして，答えさせる。

黒板に例文を板書して，better の形式と意味を生徒に気づかせる。

> （例）　A：Hi, Mizuki. Which do you like better, summer or winter?
>
> 　　　　B：I like summer better.
>
> 　　　　A：I see.
>
> 　　　　B：How about you, Hiromi? Which do you like better, summer or winter?
>
> 　　　　A：I like winter better.
>
> 　　　　B：I see.
>
> 　　　　A：How about you, Satoshi? Which do you like better, summer or winter?
>
> 　　　　C：I like summer better.

2. Step2として，Step1の例文をもう一度聞かせて，（　　）を埋めさせる。

3. Step3として，Which do you like better, ... or ...? の形式と意味を生徒に気づかせる。

○Task

1. Step4として，生徒にビンゴシートに書かれているもので，好きな方に○をつけさせる。

2. Model Dialog を基に，ペアでじゃんけんをさせて，勝った方から始めさせる。

3. 自分と同じものに○をつけた人から（　　）にサインをもらう。同じ人には，質問は一度しかできない。

4. 目標は2列ビンゴを目指す。さらに時間があれば全マス埋められるように指示をする。

5. Step5として，例文を参考に，3人の友達について英文を書かせる。

2. ワンポイント・アドバイス

・ビンゴの時間を指示して，時間内にできるだけ多くビンゴを作らせる。

（Yoshi ゼミ）

118

Class____ No.____ Name_____

Work Sheet

Which do you like better, summer or winter?
どちらの方が好き？

Step1　会話を聞いて，意見をまとめよう！

Name	好きなのは？
Mizuki（パペット）	Summer or Winter
	Summer or Winter
	Summer or Winter
	Summer or Winter

Step2　もう一度，会話を聞いて，（　　）の中をうめよう！

A：Which do you like （　　　　　　　　）, summer or winter?
B：I like （　　　　　　　） （　　　　　　　　）.
A：I see.
B：How about you?
　　Which do you like （　　　　　　　　）, summer or winter?
A：I like （　　　　　　　） （　　　　　　　　）.

Step3　Grammar Point

◎ Which do you like （　　　　　　　　）, summer or winter?

★（　　　　　　　　）は（　　　　　　　　）の比較形！
★意味は，（　　　　　　　　　　　　　　　　　　）。

Part2　フォーカス・オン・フォーム&パフォーマンス・テストアイデア　119

Class____ No.____ Name_____

Step4　ビンゴゲームをしよう。目標は２列ビンゴだ！

どちらが好きか○をつけよう。Model Dialog を見て実際に聞いてみよう。

〈Model Dialog〉（じゃんけんをして勝った方がＡ）

A：Which do you like better, summer or winter?

B：I like summer better. How about you?

A：（自分と同じだったら）I like summer, too. Your name, please. Thank you.

　　（自分と違ったら）I like winter. I see.　　　　　　　　　　＊ Change your role.

summer or winter ( )	soccer or baseball ( )	meat or fish ( )	Japanese or English ( )
art or music ( )	apple or orange ( )	sunny or rainy ( )	yellow or blue ( )
volleyball or basketball ( )	spring or fall ( )	rabbits or monkeys ( )	tomatoes or eggplants ( )
dogs or cats ( )	coffee or tea ( )	math or science ( )	morning or night ( )

Step5　例にならって，３人の友達について英文を書こう！

Ex）Hiroki likes basketball better than volleyball, too.

(1)

_____

(2)

_____

(3)

_____

120

Task25　This apple is as big as that one.

比較・比較級②　このりんごはあのりんごと同じ大きさです

目　標	タスクを通して，as ～ as が使えるようになる。
時　間	20分
準備物	ワークシート，実物（人形，果物，地図），絵カード

1．タスクの進め方

○Pre-task

1．Step1として，教師は実物を比較しながら as ～ as の表現を使って話す。生徒にもリピートさせ，メモをとらせる。

> （例）　T：Which is bigger, bear or rabbit? Bear is as tall as rabbit.
> 　　　　　　Everyone, please repeat after me.
> 　　　Ss：Bear is as tall as rabbit.　　　T：That's right.
> 　　　T：Next. Please look. This apple is as big as that pear.
> 　　　T：Which is larger, Japan or Germany? Well, Japan is as large as Germany.
> 　　　　　　Everyone, repeat after me.
> 　　　Ss：Japan is as large as Germany.　　　T：Wonderful!

2．Step2として，Step1の例文をもう一度聞かせて，（　　　）を埋めさせる。

3．Step3として，as ～ as の形式と意味を生徒に気づかせる。

○Task

1．Step4として，4人グループを作る。絵カードを配付して，机の上にバラバラに並べさせる。

2．神経衰弱のように，生徒は，絵カードを2枚引いて同じだったら絵カードを手に入れることができる。生徒は，例のように，絵カードの物の大きさを英語で説明する。この時，違う絵カードであったら絵カードを裏返しにして机の上に戻す。

> （例）　This apple is as big as that one.（同じ大きさのリンゴの場合）
> 　　　　This apple is bigger than that apple.（違う大きさのリンゴの場合）
> 　　　　This apple is bigger than that strawberry.（違う果物の場合）

3．一番多く絵カードを持っている人が勝ち。

2．ワンポイント・アドバイス

・時間があれば，グループのメンバーを変えて，再度行うとよい。

（Yoshi ゼミ）

Class___ No.___ Name_____

Work Sheet

This apple is as big as that one.
このりんごはあのりんごと同じ大きさです

Step1　先生の話を聞いて，物の大きさ比べをしよう！

物	大きさは？
bear vs. rabbit	
apple vs. pear	
Japan vs. Germany	

Step2　もう一度，先生の話を聞いて，（　）の中をうめよう！

(1)　Bear is (　　　) tall (　　　) rabbit.
(2)　This apple is (　　　) big (　　　) that pear.
(3)　Japan is (　　　) large (　　　) Germany.

Step3　Grammar Point

◎ Bear is (　) tall (　) rabbit.
★ 「A is (　) ～ (　) B.」は，「Aは，Bと（同じくらい）～である。」という意味になる。
★ (　) ～ (　) の「～」には，(　　　) または (　　　) が入る。

Which is bigger, bear or rabbit?

【絵カード】

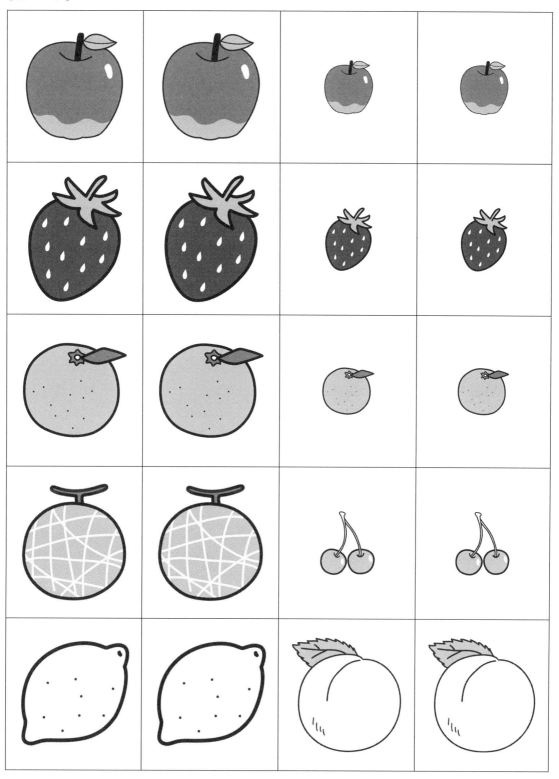

Task26 Which picture do you like the best?(Review)
比較・最上級① 一番お気に入りの写真は？

目　標	タスクを通して，写真の様子を伝えられるようになる。
時　間	50分×2
準備物	ワークシート，Fun Essay シート，お気に入りの写真数枚，評価表１・２

1. タスクの進め方

○Pre-task

1. 教師は生徒に２人１組の Speaking test を行うことおよび Fun Essay の連絡をする。

   Speaking test については，当日までだれと当たるかはわからないことを伝える。

   また，Speaking test と Fun Essay の評価基準を伝える。

2. Step1として，教師はあらかじめ録画したビデオを生徒に見せ，内容を理解させる。

〈Model Dialog〉

A：Hello, Mizuki. How are you?

B：Hello, Haruna. Good, thank you, and you?

A：I'm great! Oh, you have many pictures.

　　Which picture do you like the best?

B：I like this picture the best.

A：Sounds great!

　　When did you take it?

B：We took it last Saturday. We had a school festival!

A：I see. What did you do on that day?

B：I played the trombone on the stage.

A：Did you have a good time?

B：Yes, I did. It was fantastic! I could play a solo part well!

A：Sounds nice!

B：Thank you. How about you?

　　Which picture do you like the best?

A：I like this picture the best. I went to Nagano with my friends.

B：Wow! Sounds fun.

　　When did you take it?

A：Last month.

B：I see.

124

> B：What did you do on that day?
> A：We went to the river near the hotel.　We took many pictures there.
> B：Did you swim there?
> A：No, I didn't because it was cold.
> B：Did you have a good time?
> A：Yes, I did.　It was exciting.　I want to go there again.
> B：Sounds good!　Nice talking with you.
> A：Nice talking with you, too.

　3．もう一度ビデオを見せた後，答え合わせをする。

　4．Step2として，自分が持参した写真について，4つの質問に答えさせる。

　5．Step3として，Communication Strategies（Sound ～）を確認する。

○Task

　1．Step4として，Model Dialog を基に，ペアを変えて5回練習する。1回ごと，ペアで会話が終わったら，内容について表に記入させる。3回目からは，Model Dialog を見ないで会話をさせる。

2．ワンポイント・アドバイス

　・自分好きな写真を数枚持参するよう指示を出しておく。

　・Speaking test を待っている間は，自分の好きな写真についての Fun Essay（p.20）を書かせるとよい。

（Yoshi ゼミ）

Class_____ No._____ Name_____

Work Sheet

Which picture do you like the best?
一番お気に入りの写真は？

Step1　先生の会話の内容を確認しよう！

Question	Mizuki	Haruna
Question1 Which picture do you like the best?		
Question2 When did you take it?		
Question3 What did you do on that day?		
Question4 Did you have a good time?		

Step2　自分が持参した写真について，質問に答えよう！

(1)　Which picture do you like the best?

_____

(2)　When did you take it?

_____

(3)　What did you do on that day?

_____

(4)　Did you have a good time?

_____

Step3　Communication Strategies!

Sounds fun! (　　　　　　　　　　　　　　　　)

他にもこんな単語が使えるよ‼　たくさん使ってみよう‼

exciting / fantastic / wonderful / good / nice / great

126

Class＿＿ No.＿＿ Name＿＿＿＿＿＿＿＿＿＿＿＿＿＿

Step4　Model Dialog をもとに，5人にインタビューしよう！

〈Model Dialog〉

A：Hello, Mizuki. How are you?

B：Hello, Haruna. Good, thank you, and you?

A：I'm great! Oh, you have many pictures. Which picture do you like the best?

B：I like this picture the best.

A：Sounds exciting! When did you take it?

B：We took it ＿＿＿＿＿＿＿＿＿＿＿＿.

A：I see. What did you do on that day?

B：I ＿＿＿＿＿＿＿＿＿＿＿＿＿＿＿＿＿＿＿＿＿＿＿＿＿.

A：How was it?

B：It was ＿＿＿＿＿＿＿＿＿＿＿＿＿＿＿＿＿＿.

A：Sounds great!

B：Thank you. How about you? Which picture do you like the best?

＊5人の名前と質問の答えを表にまとめよう。

Name	Question1	Question2	Question3	Question4

Part2　フォーカス・オン・フォーム＆パフォーマンス・テストアイデア　127

Class＿＿＿ No.＿＿＿ Name＿＿＿＿＿＿＿＿＿＿＿＿＿＿＿

【評価表1：Speaking test】

Categories （項目）	Criteria （評価基準）	Points （得点）
流暢さ	2分30秒間，スムーズに会話でき，Communication Strategies（あいさつ，あいづち，会話の終わり）もたくさん使えた。	7
	途切れながらも，2分30秒間会話を続けられ，時折 Communication Strategies を使えた。	5
	2分30秒間,会話を続けられなかったが,少しCommunication Strategies を使えた。	3
7点	2分30秒間，会話を続けられなかった。	1
表現	文法項目を正しく使えた。	3
	誤りがあったが，内容を理解することができた。	2
3点	正しく使えていなかった。	1
態度	声が十分に大きくはっきり聞き取れ，アイコンタクトを積極的に行っていた。	5
	声の大きさ，アイコンタクトのどちらかが不十分だった。	3
5点	声の大きさ，アイコンタクトどちらもが不十分だった。	1

／15

【評価表2：Fun Essay】

Categories （項目）	Criteria （評価基準）	Points （得点）
関心・意欲・態度	お気に入りの写真についてよくわかるよう，工夫した Fun Essay を作ることができた。	7
	絵や写真，色ペンなどを用いて Fun Essay を作ることができた。	5
	あまりよい Fun Essay を作ることができなかった。	3
7点	Fun Essay を作っていない。	0
表現	文法がすべて正しく使えている。	3
	文法がおおよそ正しく使えている。	2
3点	文法がほとんど正しく使えていない。	1
関心・意欲・態度	15文以上書けている。	5
	10～14文書けている。	4
	8，9文書けている。	3
	6，7文書けている。	2
5点	5文以下しか書けていない。	1

／15

Task27　My Favorite Things（Review）

比較・最上級②，不定詞，接続詞　わたしが好きなもの・こと

目　標	好きなものやことについて話したり，書いたりすることができるようになる。
時　間	50分×2
準備物	ワークシート，好きなもの・ことの写真，評価表１・２，タイマー

1．タスクの進め方

○Pre-task

1．Step1として，ALT と教師の Model Dialog を聞かせ，内容に関する質問に答えさせる。ペアで答えを確認させてから，全体で確認する。

2．Step2として，Mind map で，好きなもの・ことについて日本語でまとめさせる。

〈Model Dialog〉

A：Hi, ○○ .

B：Hi, ○○ .

A：What do you like?

B：My favorite food is *sushi*.

A：What is it?

B：It's traditional Japanese food.

　　We eat raw fish on a piece of vinegared rice.

A：Why do you like it?

B：Because there are many different kinds of *sushi*.

　　For example, tuna, salmon, and eel.

　　I like tuna the best.

A：How often do you eat it?

B：Once or twice a month.

　　I go to *kaiten sushi*, and I buy *sushi* at a supermarket.

A：When did you go to *kaiten sushi* for the first time?

B：When I was an elementary school student.

A：What else do you like?

B：I like to read books.

　　I like novels better than comic books.

A：Oh, really?

Part2　フォーカス・オン・フォーム&パフォーマンス・テストアイデア　129

3．Step3として，質問に答える形で，好きなもの・こと（Mind map で書いたものの中から1つ選ぶ）について書かせる。

4．ペアで好きなもの・ことについて話す Speaking test および Fun Essay を行い，評価することを告知する。評価基準を示し，どのようなことができればよいかを生徒に伝える。

○**Task**

1．Speaking test の Model Dialog を教師とボランティアの生徒でやってみせる。

2．Step4として，Speaking test の練習を兼ねて，Speaking test の会話を練習させる。ワークシートを見ずに話せるようにするため，1回目はワークシートを見て，2回目はワークシートをなるべく見ずに，3回目以降はワークシートを見ずに話すように指示を出す。会話が終わった後で，ワークシートにわかったことをメモさせる。

3．Step5として，Fun Essay の例を見せて，書き始めるように指示する。

2．ワンポイント・アドバイス

・教師による好きなもの・ことの紹介は，写真やジェスチャーなどでわかりやすくする。

・教師の Model Dialog は，ALT との会話をあらかじめ録画（または録音）しておくとよい。

・Speaking test を待っている間は，自分が好きなもの・ことについての Fun Essay を書かせるとよい。

（福元有希美）

Class____ No.____ Name_____

Work Sheet

My Favorite Things
わたしが好きなもの・こと

Step1　先生が好きなもの・ことを紹介します。わかったことを表にまとめよう！

① 好きなもの・こと	
② 簡単な説明	
③ 好きな理由	

Step2　好きなもの・こと（本，キャラクター，マンガ，食べ物，ゲーム，月・季節，映画，音楽・歌手，スポーツ，教科など）についてまとめよう。あなたが好きなもの・ことについての簡単な説明と好きな理由も書こう！

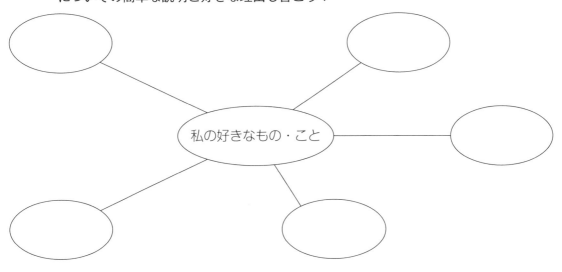

Step3　あなた自身について，質問に答えよう！
(1) What do you like? / What is your favorite (　　　　　　　　　)?
_____
(2) Why do you like it?
I

Class＿＿　No.＿＿　Name＿＿＿＿＿＿＿＿＿＿＿

(3)　How often do you（＿＿＿＿＿＿＿＿＿＿＿）it?〔（　　）内に適当な動詞を書こう〕

（毎日 every day ／ 週に1回 once in a week ／ 月に2回 twice in a month ／ 年に3回：three times in a year）

It＿＿＿＿＿＿＿＿＿＿＿＿＿＿＿＿＿＿＿＿＿＿＿＿＿＿＿＿＿＿＿＿＿＿＿＿

(4)　When did you（＿＿＿＿＿＿＿＿＿＿＿）it for the first time?〔（　　）内に適当な動詞を書こう〕

（去年 Last year.／ 私が10歳だった時 When I was ten（years old）.／2年前 Two years ago.）

I＿＿＿＿＿＿＿＿＿＿＿＿＿＿＿＿＿＿＿＿＿＿＿＿＿＿＿＿＿＿＿＿＿＿＿＿＿

(5)　What else do you like?

I＿＿＿＿＿＿＿＿＿＿＿＿＿＿＿＿＿＿＿＿＿＿＿＿＿＿＿＿＿＿＿＿＿＿＿＿＿

I＿＿＿＿＿＿＿＿＿＿＿＿＿＿＿＿＿＿＿＿＿＿＿＿＿＿＿＿＿＿＿＿＿＿＿＿＿

Step4　Communication Strategies を使いながら，英語だけで会話しよう！

名前	わかったこと
さん	
さん	
さん	

〈Communication Strategies〉

間をつなぐ（えーと。あの～。）Well …　Um …　Uh …　Hmm …　Let's see.

相手の言ったことを確かめる（シャドーイング）（例）Why do you like it? → Why?

相手の言ったことにうなずく（ええ。うんうん。そのとおり。）Yes.　Uh-huh.　That's right.

驚きを伝える（え，本当に？　わぁ，すごいね！）Oh, really?　Wow!

興味を示す（私も。面白いね。いいね。）Me, too!　That's interesting!　That's great!

Class____ No.____ Name_____

Step5 写真を貼って（または絵をかいて），あなたが好きなもの・ことについてもっとくわしく書こう（50語以上）。

Fun Essay：My Favorite Things

語数の合計を書こう

語

Part2　フォーカス・オン・フォーム＆パフォーマンス・テストアイデア　133

Class＿＿＿ No.＿＿＿ Name＿＿＿＿＿＿＿＿＿＿＿＿

【評価表１：Speaking test】

	項目	評価基準	得点		
関心意欲態度	〈積極性〉笑顔・アイコンタクト　2点	1．アイコンタクトをしながら自然な笑顔で英語を話すことができたか	A（2）両方ともできた	B（1）どちらかはできた	C（0）ひとつもできなかった／ワークシートを見た
	〈話し方〉声の大きさ　2点	2．はっきりと聞こえる大きな声で話すことができたか	A（2）はっきり聞こえた	B（1）一応聞こえた	C（0）聞こえづらかった
表現	〈話し方〉発音　2点	3．英語らしい発音で話すことができたか	A（2）英語らしい発音でできた	B（1）カタカナ英語になる時があった	C（0）カタカナ英語が多かった
	〈CSの活用〉あいづち・シャドーイング　3点	4．あいづちやシャドーイングを使って自然な会話にすることができたか	A（3）何度もあいづちやシャドーイングを使った	B（2）一度はあいづちやシャドーイングを使った	C（1）使えなかった／ワークシートを見た
	〈流暢さ〉　3点	5．ワークシートを見ずに，1分30秒間，スムーズに会話を続けることができたか	A（3）沈黙はほとんどなかった	B（2）時々沈黙があった	C（1）沈黙が多かった／ワークシートを見た
	〈言語材料の活用〉　4点	6．疑問文の意味を理解し，正確に答えることができたか	A（4）疑問詞の意味をすべて理解し，ほぼすべて正確に答えることができた	B（3）疑問詞の意味はすべて理解できていたが，正確に答えられない時があった	C（1）あまり正確に答えられなかった／ワークシートを見た
	〈言語材料の活用〉　4点	7．これまでに習った文法を正しく使って話すことができたか	A（4）だいたい正確な文法で話せた	B（3）時々間違えることはあったが，意味は十分に伝わった	C（1）間違いが多く，意味が伝わらないことも多かった／ワークシートを見た
		総合判定	A⁺／A／A⁻すばらしかった	B⁺／B／B⁻よくできた	C⁺／C／C⁻次はがんばろう

話し方・態度：　　　6点

CSの活用・流暢さ：　6点

言語材料の正確な活用：8点

　　　　　　　計20点

／20

134

Class＿＿＿ No.＿＿＿ Name＿＿＿＿＿＿＿＿＿＿＿＿＿＿＿

【評価表2：Fun Essay】

Categories （項目）		Criteria （評価基準）	Points （得点）
関心 意欲 態度	ていねいさ 5点	イラストを書き（写真でもよい），色を使って美しく仕上げている。字は，ペンできれいに清書して，下書きもきちんと消してある。	A（5）
		イラストを書いて（写真でもよい），色を塗っている。字は，えんぴつで読みやすくていねいに書いている。	B（3）
		イラストや写真がない。イラストに色を塗っていない。字が乱雑で，読みにくい。	C（1）
表現	内容 ・ユニークさ ・文のまとまり 5点	モデル文を活用した英文以外にも，自分で考えたオリジナルの英文をたくさん入れて，とても個性的な内容になっている。文の流れもスムーズで，まとまりがある。	A（5）
		モデル文を活用して，個性的な自己表現ができている。ただし，自分で考えたオリジナルの英文が少なかったり，文の流れが悪くわかりにくかったりするところがある。	B（3）
		モデル文を写したようなものが多く，内容にあまり個性を感じられない。	C（1）
	言語材料の活用 ・活用する力 ・正確さ 5点	これまでに習ったいろいろな文法や表現を使っており，その使い方もほぼ正確で，十分に理解できる。	5
		モデル文で使われている文法や表現を正確に活用し，自分の言いたいことを表現している。	4
		モデル文をそのまま写している。モデル文を活用しているが，間違いがあり，意味の理解がむずかしい。	2
関心 意欲 態度	ボーナス点	（英作文の語数）÷20	

／15＋ボーナス点

【編著者紹介】

佐藤　一嘉（さとう　かずよし）

オーストラリア，クイーンズランド大学にて，MA および Ph. D.（応用言語学）を取得。名古屋外国語大学英語教育学科教授。同大学院 TESOL（英語教授法）コース主任。専門分野は，第2言語習得研究，外国語教授法，教師教育。
著書は，『授業をグーンと楽しくする英語教材シリーズ　ワーク＆評価表ですぐに使える！英語授業を変えるパフォーマンス・テスト』（全4巻，編著，明治図書，2014），『授業をグーンと楽しくする英語教材シリーズ　フォーカス・オン・フォームでできる！　新しい英文法指導アイデアワーク』（全4巻，編著，明治図書，2012），"Communities of Supportive Professionals"（共編著，TESOL，2005）など。
論文は，"Communicative language teaching (CLT)：Practical understandings"（共著，Modern Language Journal，1999）など多数。
「アクション・リサーチから学ぶ英語教授法」（ジャパンライム社）の授業ビデオシリーズ監修。

【執筆者紹介】

大須賀博美　愛知県公立中学校教諭
　　　　　　名古屋外国語大学大学院，TESOLコース(修士)修了
福元有希美　愛知県公立中学校教諭
　　　　　　アメリカ，ミネソタ大学大学院，TESLコース(修士)修了
森岡　健美　愛知県名古屋市立中学校教諭
　　　　　　名古屋外国語大学大学院，TESOLコース(修士)修了
Yoshi ゼミ　名古屋外国語大学佐藤一嘉英語教育研究ゼミナールの学生。卒業生の多くは英語教師として活躍している。

〔本文イラスト〕　木村美穂

授業をグーンと楽しくする英語教材シリーズ43
フォーカス・オン・フォームを取り入れた
英文法指導ワーク＆パフォーマンス・テスト　中学2年

2019年12月初版第1刷刊　Ⓒ編著者　佐　藤　一　嘉
2021年 7 月初版第2刷刊　発行者　藤　原　光　政
　　　　　　　　　　　　発行所　明治図書出版株式会社
　　　　　　　　　　　　　　　　http://www.meijitosho.co.jp
　　　　　　　　　　　　（企画）木山麻衣子（校正）有海有理
　　　　　　　　　　　　〒114-0023　東京都北区滝野川7-46-1
　　　　　　　　　　　　振替00160-5-151318　電話03(5907)6702
　　　　　　　　　　　　ご注文窓口　　　　　電話03(5907)6668
＊検印省略　　　　　　　組版所　藤　原　印　刷　株　式　会　社

本書の無断コピーは，著作権・出版権にふれます。ご注意ください。
教材部分は，学校の授業過程での使用に限り，複製することができます。

Printed in Japan　　　　　　　　　　　　　ISBN978-4-18-239025-8
もれなくクーポンがもらえる！読者アンケートはこちらから　→